Innsbruck auf einen Blick

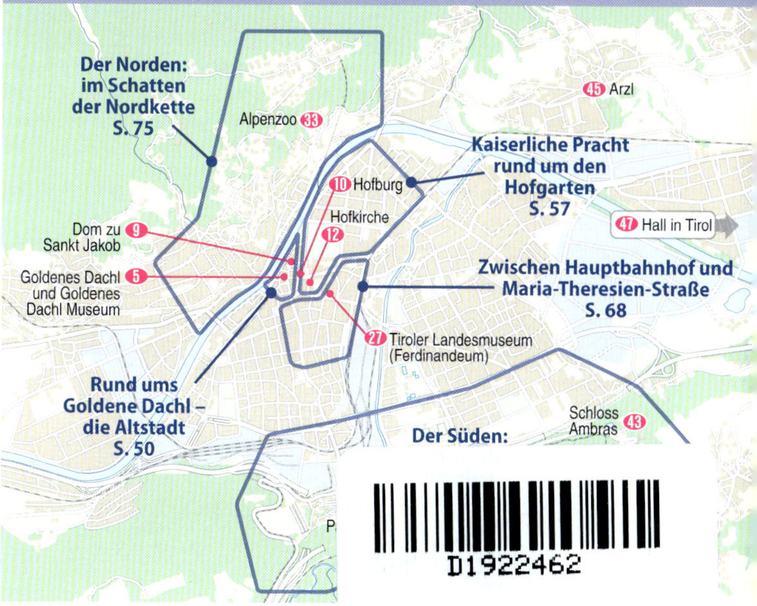

Inhalt

Sven Eisermann

CITY|TRIP INNSBRUCK

Nicht verpassen!

Karte S. 3

5 Goldenes Dachl und Goldenes Dachl Museum [C3]

An Innsbrucks berühmtester und meist fotografierter Sehenswürdigkeit erhascht man einen eindrucksvollen Blick auf den mit Fresken verzierten Prachterker und erfährt Spannendes zum Leben Kaiser Maximilians I. (s. S. 53).

9 Dom zu Sankt Jakob [C3]

Neben barocker Kirchenkunst zieht vor allem das Marienbildnis von Lukas Cranach die Betrachter in seinen Bann. Täglich erklingt zudem das Friedensglockenspiel mit seinem Tonumfang von vier Oktaven (s. S. 56).

10 Hofburg [D3]

Habsburger Pracht in all ihren Facetten. In den Prunksälen wird das Erbe von Kaiserin Maria Theresia bewahrt (s. S. 57).

12 Hofkirche (Schwarzmander-Kirche) und Silberne Kapelle [D3]

Dunkle Gestalten bewachen den leeren Sarg Maximilians I., dafür ist Andreas Hofer wirklich hier begraben und mit der Ebert-Orgel ist die größte Renaissanceorgel Österreichs zu sehen (s. S. 60).

27 Tiroler Landesmuseum (Ferdinandeum) [D3]

In diesem Museum begibt man sich auf eine Zeitreise durch die Geschichte Tirols von der Steinzeit bis zur künstlerischen Moderne (s. S. 72).

33 Alpenzoo [ci]

In Europas höchstgelegenem Tierpark sind Wolf, Luchs und Kolkrabe zum Greifen nah (s. S. 77).

39 Tirol Panorama [E9]

Der moderne Museumskomplex auf dem Bergisel versetzt den Betrachter u. a. mit dem Riesenrundgemälde ins Zentrum der Schlacht von 1809 (s. S. 86).

43 Schloss Ambras [fk]

Ferdinand II. hatte hier sein Liebesnest und machte das Schloss zum Museum für seine Sammlungen. Die Wunderkammer in diesem Kleinod der Renaissance ist atemberaubend (s. S. 91).

45 Arzl [fh]

Ein Spaziergang auf den Kalvarienberg des Innsbrucker Vororts bietet einen herrlichen Blick über die Stadt und das Inntal (s. S. 94).

47 Hall in Tirol

In Hall will die größte historische Altstadt Tirols mit ihren verwinkelten Gassen erkundet werden (s. S. 97).

Leichte Orientierung mit dem cleveren Nummernsystem

Die Sehenswürdigkeiten der Stadt sind zum schnellen Auffinden mit **fortlaufenden Nummern** versehen. Diese verweisen auf die ausführliche Beschreibung **im Kapitel „Innsbruck entdecken“** und zeigen auch die genaue Lage **im Stadtplan.**

Benutzungshinweise

Orientierungssystem

Eine **Liste der im Buch beschriebenen Örtlichkeiten** wie Sehenswürdigkeiten, Restaurants, Hotels, Cafés, Infostellen befindet sich auf S. 140.

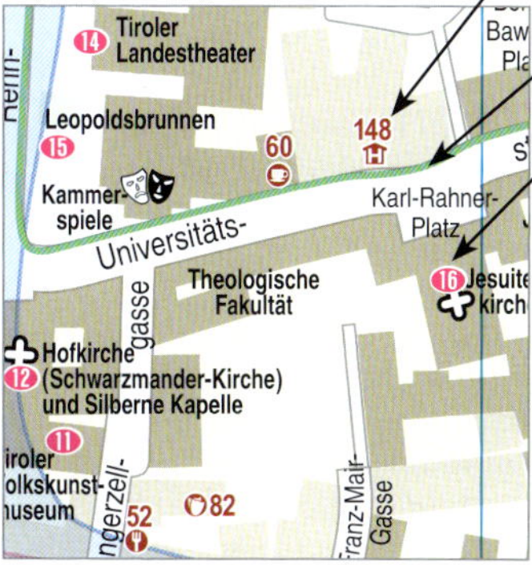

Exkurse zwischendurch

Zur schnelleren Orientierung tragen alle Hauptsehenswürdigkeiten und Lokalitäten sowohl im Text als auch im Kartenmaterial die gleiche Nummer:

148 Mit Symbol und fortlaufender Nummer werden die sonstigen Lokalitäten wie Cafés, Geschäfte, Hotels, Infostellen usw. gekennzeichnet.

› Die farbige Linie markiert den Verlauf des Stadtspaziergangs (s. S. 12).

16 Mit einer fortlaufenden magentafarbenen Nummer sind die Hauptsehenswürdigkeiten gekennzeichnet. Steht die Nummer im Fließtext, verweist sie auf die Beschreibung dieser Sehenswürdigkeit im Kapitel „Innsbruck entdecken".

[D3] In eckigen Klammern steht das Planquadrat im Kartenmaterial, in diesem Beispiel Planquadrat D3.

Ortsmarken ohne Angabe des Planquadrats liegen außerhalb unserer Karten. Sie können aber wie alle Örtlichkeiten in unseren speziellen Luftbildkarten auf der Produktseite dieses Buches unter www.reise-know-how.de oder direkt unter http://ct-innsbruck.reise-know-how.de lokalisiert werden.

Vorwahl

Die **Innsbrucker Vorwahl** lautet 0512, aus dem Ausland wählt man 0043 512. Die Vorwahl Innsbrucks wird nachfolgend immer weggelassen, die von anderen Orten und Mobiltelefonen dagegen angegeben.

Bewertung der Sehenswürdigkeiten

★★★ auf keinen Fall verpassen
★★ besonders sehenswert
★ wichtige Sehenswürdigkeit für speziell interessierte Besucher

Impressum

Sven Eisermann

CityTrip Innsbruck

erschienen im
Reise Know-How Verlag Peter Rump GmbH,
Osnabrücker Str. 79, 33649 Bielefeld

1. Auflage 2014

ISBN 978-3-8317-2481-9
Printed in Germany

Dieses Buch ist erhältlich in jeder Buchhandlung Deutschlands, der Schweiz, Österreichs, Belgiens und der Niederlande. Bitte informieren Sie Ihren Buchhändler über folgende Bezugsadressen:
Deutschland: Prolit GmbH, Postfach 9, D-35461 Fernwald (Annerod) sowie alle Barsortimente
Schweiz: AVA Verlagsauslieferung AG, Postfach 27, CH-8910 Affoltern
Österreich: Mohr Morawa Buchvertrieb GmbH, Sulzengasse 2, A-1230 Wien
Niederlande, Belgien: Willems Adventure, www.willemsadventure.nl
Wer im Buchhandel kein Glück hat, bekommt unsere Bücher auch über unseren Büchershop im Internet:
www.reise-know-how.de

Herausgeber: Klaus Werner
Lektorat und Layout: amundo media GmbH
Karten: Ingenieurbüro B. Spachmüller, amundo media GmbH
Druck und Bindung: Media-Print, Paderborn
Fotos: siehe Bildnachweis Seite 136

Anzeigenvertrieb: KV Kommunalverlag GmbH & Co. KG, Alte Landstraße 23, 85521 Ottobrunn, Tel. 089 928096-0, info@kommunal-verlag.de

Alle Informationen in diesem Buch sind vom Autor mit größter Sorgfalt gesammelt und vom Lektorat des Verlages gewissenhaft bearbeitet und überprüft worden.
Da inhaltliche und sachliche Fehler nicht ausgeschlossen werden können, erklärt der Verlag, dass alle Angaben im Sinne der Produkthaftung ohne Garantie erfolgen und dass Verlag wie Autor keinerlei Verantwortung und Haftung für inhaltliche und sachliche Fehler übernehmen.
Die Nennung von Firmen und ihren Produkten und ihre Reihenfolge sind als Beispiel ohne Wertung gegenüber anderen anzusehen. Qualitäts- und Quantitätsangaben sind rein subjektive Einschätzungen des Autors und dienen keinesfalls der Bewerbung von Firmen oder Produkten.
Wir freuen uns über Kritik, Kommentare und Verbesserungsvorschläge:
info@reise-know-how.de

Aktuelle Informationen nach Redaktionsschluss

Unter **www.reise-know-how.de** werden aktuelle Ergänzungen und Änderungen der Autoren und Leser zum vorliegenden Buch bereitgestellt. Sie sind auch in der **Gratis-App** zum Buch abrufbar.

Auf ins Vergnügen

002in Abb.: se

Innsbruck an einem Tag

Innsbruck macht es Tagesbesuchern recht leicht. Das ist allerdings nicht der Tatsache geschuldet, dass es in Innsbruck wenig Sehenswürdigkeiten gäbe, sondern liegt daran, dass sich sehr viele touristisch interessante Plätze in unmittelbarer Nachbarschaft zueinander befinden – die meisten davon in der überschaubaren Innenstadt mit ihrer kleinen mittelalterlichen Altstadt.

Noch einfacher ausgedrückt: Alles konzentriert sich rund ums **Goldene Dachl** 5, zentrale Hauptsehenswürdigkeit und Wahrzeichen Innsbrucks. Im engen Umkreis befinden sich der besteigbare **Stadtturm** 7, die **Hofburg** 10, die **Hofkirche** 12 und der **Hofgarten** 13. Nicht versäumen sollte man auch einen kurzen Abstecher zur nahe gelegenen **Innbrücke** 1, die Innsbruck seinen Namen gegeben hat und von der aus man einen prächtigen Panoramablick auf die gegenüberliegenden Fassaden von **Mariahilf** (s. S. 75) und die oft schneebedeckten Gipfel der Nordkette genießt.

Zu Fuß lässt sich von der Altstadt aus auch problemlos die **Maria-Theresien-Straße** 20 abschreiten, Innsbrucks Hauptachse und Einkaufsstraße, die zwischen Burggraben und **Triumphpforte** 25 neben Geschäften und Straßencafés auch etliche Sehenswürdigkeiten wie **Spitalskirche** 21, **Annasäule** 22 und **Altes Landhaus** 23 zu bieten hat.

☐ *Vorseite: Eine edle Frau in Silber begrüßt Touristen in der Altstadt*

☐ *Blick vom Stadtturm 7 auf den Dom zu Sankt Jakob 9 und die Nordkette*

Selbst für einige Museen ist für Tagesausflügler Zeit: Mit dem **Kombiticket der Tiroler Landesmuseen** (s. S. 110) sollte man unbedingt die **Hofkirche** und das **Ferdinandeum** 27 besuchen. Für Kunst- und Geschichtsinteressierte ebenfalls ein Muss: die Prachtsäle der Kaiserin Maria Theresia in der **Hofburg** 10.

Entspannung findet man nach einem intensiven Besichtigungsprogramm in der zentral gelegenen grünen Lunge Innsbrucks, dem Hofgarten.

Innsbruck an einem Wochenende

Idealerweise sollte man mindestens zwei Tage Zeit für Innsbruck mitbringen. So kann man sich am ersten Tag einen Überblick über die Innenstadt verschaffen (siehe „Innsbruck an einem Tag“) und am anderen Tag auch dem Norden oder dem Süden der Stadt einen Besuch abstatten.

Der **Süden** ist ein Paradies für Kultur- und Geschichtsliebhaber: Hier lohnen sich die Besichtigung der beiden prächtigen Kirchen in **Wilten** (36 und 37) und ein Abstecher zum nahe gelegenen **Bergisel** mit **Skisprungschanze** 40, **Andreas-Hofer-Monument** 38 und dem modernen Museumskomplex **Tirol Panorama** 39. Ebenfalls im Süden, wenngleich etwas weiter entfernt am Stadtrand gelegen, thront auf einer Anhöhe das romantische **Schloss Ambras** 43 mit seiner einzigartigen Wunderkammer und dem Badezimmer der Philippine Welser. Wer dem **Norden** der Stadt einen Tag widmen möchte, sollte zunächst einen kleinen Spaziergang durch **Anbruggen**

003in Abb.: se

Das gibt es nur in Innsbruck!

- ***Dunkle Gestalten:*** *Kaiser Maximilian I. hat sich in der Hofkirche 12 für die Nachwelt unsterblich gemacht. Sein (leerer) Sarg wird von überlebensgroßen Figuren, den Schwarzmander, flankiert.*
- ***Mutterliebe im Dom zu Sankt Jakob 9:*** *Tausende Besucher werden von Lucas Cranachs Gnadenbild der Maria mit dem Jesuskind in ihren Bann gezogen.*
- ***Zur Hungerburg und auf die Nordkette 34:*** *In keiner anderen europäischen Großstadt kommt man so schnell und unkompliziert in Hochgebirgsregionen.*
- ***Adler der Lüfte und Volkshelden:*** *Auf dem seit Urzeiten besiedelten Bergisel im Süden der Stadt findet man eine faszinierende Mischung für Freunde von Sport, Kultur und Geschichte (s. S. 82).*
- ***Ein Bad für das schöne Burgfräulein:*** *Philippine Welser hatte auf Schloss Ambras 43 bereits fließend Warm- und Kaltwasser in ihrem Badezimmer und ihr Gemahl Ferdinand II. mit seiner Wunderkammer eine bis heute einzigartige Kunstsammlung.*
- ***Ein Museum für Glocken:*** *Die Glockengießerei Grassmayr 41 lässt seit über 400 Jahren in aller Welt Innsbrucker Glocken erklingen.*
- ***Wölfe, Raben und Adler:*** *Innsbruck besitzt mit dem Alpenzoo 33 einen einmaligen Tierpark, der die Vielfalt der einst und heute in den Alpen heimischen Tiere präsentiert.*
- ***Traditionsbewusstsein und Partystimmung in der Studentenstadt:*** *Während Traditionsvereine althergebrachtes Brauchtum pflegen, feiern junge Leute aus ganz Europa in den angesagten Klubs der Innenstadt.*

bzw. **Hötting 31** zum Schloss Büchsenhausen und von dort weiter zum europaweit einzigartigen **Alpenzoo 33** unternehmen. Von dort geht es dann noch höher hinaus: Mit der Hungerburgbahn gelangt man in den Ortsteil **Hungerburg 34** mit der sehenswerten **Theresienkirche 35** und von dort mit der **Nordkettenbahn** weiter auf über 2000 Meter zu Seegrube und Hafelekar mit herrlichem Blick auf Innsbruck, die Karwendel-Gipfel und die Stubaier Alpen.

Eigentlich bräuchte man also mindestens vier Tage für eine Erkundung der „Hauptstadt der Alpen“: Zwei Tage für die Sehenswürdigkeiten der Innenstadt und je einen für den Süden und den Norden. Wer sich eine Woche Zeit nimmt, kann auch noch die eine oder andere Wanderung einplanen oder spannende **Sehenswürdigkeiten im Umland** wie die **Swarovski Kristallwelten 48** oder die wunderschöne Altstadt von **Hall in Tirol 47** ohne Zeitdruck genießen.

004in Abb.: se

Innsbruck für Citybummler

Innsbruck ist ziemlich klar und übersichtlich strukturiert. Die gesamte Innenstadt ist prinzipiell durch die Flüsse Sill und Inn eingegrenzt bzw. durch den Inn und die Bahntrasse im Osten. Die Hauptachse der Innenstadt von Süden nach Norden bilden die Maria-Theresien-Straße und deren Altstadt-Verlängerung, die Herzog-Friedrich-Straße, die direkt unter dem Goldenen Dachl endet.

Die **kleine Altstadt** mit ihren engen Gassen mag vom ersten Eindruck her etwas unübersichtlich erscheinen, man findet sich aber zwischen **Ottoburg 2**, **Goldenem Dachl 5**, **Dom 9** und **Hofburg 10** schnell zurecht. In der Altstadt liegt alles eng beieinander. Um Innsbruck zu überblicken, sollte man am besten auf den **Stadtturm 7** steigen. Von dort erschließt sich die Linienführung der Stadt schnell von selbst. Während früher die Altstadt von einer Mauer umgeben war, ist es heute eher der Autoverkehr, der eindeutig anzeigt, dass man sich nun außerhalb der ehemaligen Stadtmauern befindet. Eingegrenzt wird der historische Kern von Marktgraben, Burggraben, Rennweg, Herrengasse und die Herzog-Otto-Straße am Innufer.

Nach Süden schließt sich an die Altstadt mit der **Maria-Theresien-Straße 20** im Zentrum die Innenstadt an.

◁ *Kurze Pause vom Sightseeing*

▷ *Laubengewölbe mit Fischblasenmuster in der Herzog-Friedrich-Straße [C3]*

005in Abb.: se

Aber damit keine Missverständnisse aufkommen: Natürlich ist auch die Altstadt ein Teil der Innenstadt. Bei ihr handelt es sich lediglich um den mittelalterlichen Stadtkern, der heute eine einzige Fußgängerzone bildet.

Vom Hauptbahnhof aus sind es zu Fuß nur etwa zehn Minuten zur Maria-Theresien-Straße. Über die Salurner Straße erreicht man deren Südende an der **Triumphpforte** 25, über die nördlich des Hauptbahnhofs gelegene Museumstraße und den Burggraben ihr nördliches Ende und den Beginn der Altstadt. Wer die Brixner und die Meraner Straße entlangläuft, trifft ebenfalls auf die Maria-Theresien-Straße, etwa auf Höhe der **Annasäule** 22. Man kann somit fast sagen, dass alle Wege in Innsbruck zur Maria-Theresien-Straße führen. Dementsprechend rührt sich hier immer etwas: Die Innsbrucker Prachtmeile lädt zum Shoppen, Flanieren und zum sommerlichen „Sehen und gesehen werden" in den Straßencafés ein. Etliche Einkaufsmöglichkeiten finden sich auch in den Querverbindungsstraßen zum Hauptbahnhof sowie am Burggraben und am Marktgraben.

Wem der Trubel zu viel wird, der kann entweder in die kleinen Seitengassen der Altstadt (Schlossergasse, Kiebachgasse) oder in den **Hofgarten** 13 flüchten. Auch am Innufer finden sich ruhige **Plätzchen zum Verschnaufen** – ein fantastisches Alpenpanorama inklusive.

Auf die öffentlichen Verkehrsmittel ist man selten angewiesen. Selbst den **Bergisel** (s. S. 82) kann man theoretisch zu Fuß erreichen, mit öffentlichen Verkehrsmitteln ist man natürlich noch schneller. Allen Nicht-Fußkranken sei empfohlen, mit der Straßenbahnlinie 1 oder 6 bis zur Endhaltestelle in Wilten zu fahren, dort eventuell den beiden Kirchen (36 und 37) einen Besuch abzustatten und den Bergisel auf einem kleinen, schattigen Weg zu Fuß „zu erobern".

Abseits der ausgetretenen Touristenrouten lässt es sich auch am Inn entlang oder in den Ortsteilen Mariahilf, Hötting und Sankt Nikolaus bummeln, die unter der Bezeichnung **Anbruggen** 31 zusammengefasst werden und ursprünglich den ältesten Siedlungsbereich darstellen. Hübsche Villen aus der Gründerzeit findet man im Stadtteil **Saggen** 19.

Wer auch die etwas außerhalb liegenden Sehenswürdigkeiten bequem erreichen möchte, sollte in den Bus **„The Sightseer“** einsteigen. So lassen sich Innsbrucks Sehenswürdigkeiten kompakt unter dem Motto „hop-on-hop-off“ erkunden. Man gelangt zu den interessantesten Orten der Stadt und kann dort verweilen, wo es einem besonders gut gefällt. Mit einem Tagesticket kann man die Fahrt beliebig oft unterbrechen und an jeder „The Sightseer“-Haltestelle wieder einsteigen. Besonders sinnvoll ist der Sightseer, um nach Wilten, zum Bergisel, zur Olympiaworld 42 und zum Schloss Ambras 43 zu gelangen. Mit der Innsbruck Card (s. S. 32) fährt man gratis.

Wer zum **Alpenzoo** 33 möchte, fährt am besten vom Congress aus mit der **Hungerburgbahn** (s. S. 78). Nach **Hall in Tirol** 47 und zu den **Kristallwelten** 48 nach Wattens fahren vom Hauptbahnhof aus regelmäßig Nahverkehrszüge.

EXTRATIPP

Mit der Linie 6 nach Ambras und Igls

Die liebevoll **„Waldstraßenbahn“** genannte Linie durch die Wälder oberhalb von Innsbruck beginnt in Wilten am Bergisel (Station: Bergisel/Tirol Panorama, Endhaltestelle der Linie 1) und führt zum spannenden **Schloss Ambras** 43 und von dort weiter über das Mittelgebirgsplateau bis zum hoch über Innsbruck gelegenen Stadtteil Igls. Wer von dort noch höher hinaus will, kein Problem: Eine Seilbahn bringt einen hinauf zum **Patscherkofel** 44.

Stadtspaziergang

Einen Stadtrundgang sollte man am besten an der **Innbrücke** 1 beginnen, die der Stadt ihren Namen gegeben hat. Von der Brücke aus hat man auch einen großartigen Panoramablick in alle vier Himmelsrichtungen, auf die Türme und Häuser der Altstadt, auf die Gipfel der Nordkette und auf die bunten Fassaden von **Mariahilf** am nördlichen Innufer.

Letzteres wird zunächst angesteuert – **Anbruggen** 31 nennen die Innsbrucker den der Altstadt gegenüberliegenden, vom Massentourismus verschonten Stadtteil. Nach der Innbrücke geht es rechts die Innstraße circa 200 Meter ostwärts, ehe man links in die schmale Sankt-Nikolaus-Gasse einbiegt und diese bis zu ihrem Ende entlangwandert. Man trifft hier auf alte Handwerkerhäuser und findet hübsche Fotomotive. Wer Lust hat, stattet der Nikolauskirche einen Besuch ab. Ansonsten geht es über die Schmelzergasse und die Innstraße wieder zurück zum Fluss, der hier über den **Innsteg** überquert wird. Vom Steg aus hat man einen hervorragenden Blick auf die elegante Brückenkonstruktion der **Hungerburgbahn** (s. S. 78) mit ihren zwei großen Pfeilern.

Am anderen Innufer angekommen hält man sich rechts und erreicht in wenigen Minuten einen der hinteren Eingänge des **Hofgartens** 13 – ein idealer Platz für eine kurze Verschnaufpause. Man schlendert durch die herrliche Gartenanlage, passiert dabei den Pavillon und verlässt den Park schließlich wieder am Renn-

Routenverlauf im Stadtplan
Der hier beschriebene Spaziergang ist mit einer farbigen Linie im Stadtplan eingezeichnet.

weg mit **Hofburg** 10 und **Landestheater** 14. An der **Hofkirche** 12 vorbei geht es nun die Universitätsstraße stadtauswärts. Man passiert die imposante **Jesuitenkirche** 16 und das **Kapuzinerkloster** 17 mit dem Bildnis der stillenden Madonna und biegt nach 50 Metern rechts in die viel befahrene Sillgasse ein. Bei Hausnummer 15 erkennt man an der hebräischen Schrift den Eingang zur **Synagoge** 28. An der nächsten großen Kreuzung geht es rechts in die Museumstraße, die einen in wenigen Minuten zum **Tiroler Landesmuseum (Ferdinandeum)** 27 führt. Hier kann man links in die Wilhelm-Greil-Straße einbiegen und erreicht nach 10 Minuten mit dem **Eduard-Wallnöfer-Platz** 26, den größten Platz der Innenstadt mit Neuem Landhaus und Befreiungsdenkmal. Am **Casino** (s. S. 27) vorbei ist es dann über die Salurner Straße nur noch ein Katzensprung bis zur **Triumphpforte** 25. Hier beginnt Innsbrucks bedeutendste Innenstadt-Einkaufsmeile, die **Maria-Theresien-Straße** 20, die nun – das **Alte Landhaus** 23, die **Annasäule** 22 und die **Spitalskirche** 21 passierend – bis zum Burggraben durchschritten wird. Hier beginnt mit der Herzog-Friedrich-Straße die **Altstadt.** Es lohnt sich, einen kleinen Abstecher in die linksseitig gelegenen, romantischen Altstadtgässchen zu unternehmen. Über die Schlossergasse, die Seilergasse und die Kiebachgasse erreicht man schließlich das **Goldene Dachl** 5. Von hier sind es nur noch wenige Meter zurück zum Ausgangspunkt an der Innbrücke.

Der Spaziergang dauert – je nachdem, wie lange man sich an den einzelnen Sehenswürdigkeiten aufhält – drei bis vier Stunden. Wer gut zu Fuß ist kann ihn entweder im Norden oder im Süden ausweiten: Von der Nikolauskirche in Anbruggen kann man den Berg hinauf über das Schloss Büchsenhausen zum **Alpenzoo** 33 wandern (siehe Kapitel Anbruggen 31). Von der Triumphpforte ist es im Süden nicht mehr allzu weit zum **Stift** 36 und zur **Basilika Wilten** 37 sowie zum sich dahinter erhebenden **Bergisel** mit seiner weithin sichtbaren **Skisprungschanze** 40.

006in Abb.: se

Die belebte Fußgängerzone der Maria-Theresien-Straße 20

Innsbruck für Kauflustige

Die Innsbrucker Innenstadt bietet einen abwechslungsreichen Einkaufs- und Erlebnismix. So lässt es sich beispielsweise hervorragend durch die neu gestaltete **Maria-Theresien-Straße** (20) bummeln und in den **RathausGalerien** (s. S. 18) locken die Schaufenster zahlreicher Geschäfte. Nicht auslassen sollten Shopping-Liebhaber auch die Seiten- und Nachbarstraßen der Maria-Theresien-Straße wie etwa die Meraner Straße, die Museumstraße, Markt- und Burggraben oder die Anichstraße. Fündig wird man auch in der Innsbrucker Altstadt mit ihren liebevoll geführten kleinen Fachgeschäften in den mittelalterlichen Gassen.

Delikatessen, Wein und Spirituosen

Innsbruck ist ein Paradies für Gourmets und Liebhaber regionaler Schmankerl. Hier kann man qualitativ hochwertige Naturprodukte erwerben, die sich zumeist auch gut in die Heimat transportieren lassen – beispielsweise Tiroler Speck, Honig oder Schnapsspezialitäten. Auch die österreichische Zuckerbäcker-Zunft lässt bei Naschkatzen keine Wünsche offen.

1 [C3] **Anton Götsch,** Kiebachgasse 6, Tel. 584458, geöffnet: Mo.–Fr. 8–12 Uhr und 14–18 Uhr, Sa. 8–12 Uhr. Weine, Spirituosen, Mehle, Hülsenfrüchte und Geschenkartikel.

Shoppingareale

Die wichtigsten Shoppingbereiche der Stadt sind im Kartenmaterial mit einer rötlichen Fläche markiert.

2 [D4] **Hörtnagl,** Burggraben 4–6, Tel. 597290, www.hoertnagl.at, geöffnet: Mo.–Fr. 8–18.30, Sa. 8–17 Uhr. Großes Lebensmittelgeschäft mit einer reichen Auswahl an besten Wurst-, Käse- und Fischspezialitäten. Man legt Wert auf regionale Produkte und bietet freundlichen Service. Für den schnellen Hunger gibt es eine heiße Theke und ein angeschlossenes Café lädt zum Verweilen ein.

3 [C3] **House of Tea and Coffee,** Kiebachgasse 2, Tel. 0664 9593502, www.tea-coffee.at. Über 300 offene Teesorten aus aller Welt. Daneben auch Murmeltiersalbe für beanspruchte Glieder.

4 [D4] **Tiroler Bienenladen,** Meraner Straße 2, www.tirolerbienenladen.at, Tel. 582383, geöffnet: Mo.–Fr. 9–18 Uhr, Sa. 9–12 Uhr. Alles rund um die Biene: Honig von Tiroler Imkern, Kosmetik- und Nahrungsergänzungsprodukte, Bienenwachskerzen, Honigschnaps und Met.

5 [C3] **Tirol geniessen,** Hofgasse 5, Tel. 562932, www.tirol-geniessen.com, geöffnet: Mo.–Fr. 10–18 Uhr, Sa., So. 10–17 Uhr. Spezialitäten aus Nord-,

EXTRATIPP

Wein bei Hofer

Hofer ist in Österreich das, was in Deutschland Aldi ist. Es gibt allerdings viele spezifisch österreichische Produkte – auch etliche regionale – sowie eine große Auswahl an österreichischen Weinen von sehr guter Qualität. Weinliebhaber mit großem Kofferraum können sich hier mit edlen Tropfen eindecken. Eine zentral gelegene Filiale befindet sich in der Museumstraße.

6 [D4] **Hofer,** Museumstraße 14, geöffnet Mo.–Fr. 8–19 Uhr, Sa. 8–18 Uhr

007in Abb.: se

Ost- und Südtirol mit dem Schwerpunkt auf Schnaps- und Likörspezialitäten. Daneben auch Schokoladen, Marmeladen und andere Leckereien.

Bücher

8 [D4] **liber wiederin,** Erlerstraße 6, Tel. 890365, www.liberwiederin.at, geöffnet: Mo.-Fr. 9-18.30 Uhr, Sa. 9-17 Uhr. Helle und freundliche Buchhandlung mit Niveau.

9 [D4] **Thalia Buch & Medien,** Museumstr. 4, Tel 595050, www.thalia.at, geöffnet: Mo.-Fr. 9-19 Uhr, Sa. 9-17 Uhr. Große Auswahl, Café und Gratis-WLAN.

10 [C4] **Tyrolia Buchhandlung,** Maria-Theresien-Straße 15, Tel. 22330, www.tyrolia.at, geöffnet: Mo.-Fr. 9-18 Uhr, Sa. 9-17 Uhr. Große Buchhandlung, in der man auch jede Menge Lesestoff über Innsbruck und Tirol findet.

Schnapsparade: hochprozentige Tiroler Tropfen sind beliebte Mitbringsel

Kleidung und Schuhe

11 [C3] **blickfang,** Riesengasse 3, Tel. 0699 10808261, www.birgitkopp.com, geöffnet: Mo.-Fr. 11-13 und 14.30-18.30 Uhr, Sa. 11-16 Uhr. Handgefertigte Textilien - auch für Kinder. T-Shirts, Accessoires und Wohnobjekte.

12 [C3] **einwaller anna,** Herzog-Friedrich-Straße 38, www.einwaller.com, Tel. 58586718, geöffnet: Mo.-Fr. 9.30-18.30 Uhr, Sa. 9.30-17 Uhr. Internationale Designermode für Damen.

13 [C3] **einwaller joseph,** Herzog-Friedrich-Straße 26, Tel. 58586717, www.einwaller.com, geöffnet: Mo.-Fr. 9.30-18.30 Uhr, Sa. 9.30-17 Uhr. Internationale Designermode für Herren.

14 [C3] **einwaller kids,** Herzog-Friedrich-Straße 31, www.cinwaller.com, Tel. 58586727, geöffnet: Mo.-Fr. 9.30-18.30 Uhr, Sa. 9.30-17 Uhr. Mode für Kinder.

15 [C3] **einwaller outlet,** Pfarrgasse 1, Tel. 58586726, www.einwaller.com, geöffnet: Mo.-Fr. 10-18 Uhr, Sa. 10-17 Uhr. Reduzierte Designermode.

Die Markthalle

Bereits ab 1460 ist ein städtischer Wochenmarkt in Innsbruck urkundlich erwähnt, der montags am Platz vor dem Goldenen Dachl abgehalten wurde. 1679 siedelte der Wochenmarkt auf den Innrain über. Ab 1880 durfte er täglich abgehalten werden und wurde für Gemüse und Obst auf den vordersten Teil des Innrains festgelegt, wo schließlich die heutige Alte Markthalle entstand.

Der Gebäudekomplex besteht aus zwei Hallen, der älteren Westhalle am Herzog-Siegmund-Ufer 3 und der neueren Osthalle am Herzog-Siegmund-Ufer 1. Die Alte Markthalle entstand im Jugendstil als dreischiffige Halle mit überhöhtem Mittelschiff. Ende der Fünfzigerjahre wurde nach den Plänen des Innsbrucker Architekten Willi Stigler an der Ostseite die Neue Markthalle (Osthalle) gebaut. Das Gebäude im Stil der Neuen Sachlichkeit ist ein typisches Beispiel des damaligen Architekturgeschmacks. Die Markthalle bietet alles, was das kulinarische Genießerherz begehrt: von exotischen Früchten und vielfältigen Gewürzen über Tiroler Fleisch- und Wurstwaren bis zu Brotspezialitäten, Fischen und Meeresfrüchten. Auch ein großes Blumenangebot und diverse Gastronomiebetriebe sind vor Ort zu finden.

Immer vormittags beherbergt die Markthalle zudem Tirols größten Bauernmarkt – Frühstücken wie auf dem Bauernhof mit heimischen Produkten kann man jeden Freitag und Samstag von 8 bis 12 Uhr.

*7 [B3] **Markthalle,** Herzog-Siegmund-Ufer 1–3, Tel. 5848370, www.markthalle-innsbruck.at, geöffnet Mo.–Fr. 7–18.30 Uhr, Sa. 7–13.30 Uhr*

16 [C3] **feinheiten,** Pfarrgasse 8, Tel. 908026, www.feinheiten-innsbruck.at, geöffnet: Mo.–Fr. 10–13 und 14–18 Uhr, Sa. 10–14 Uhr. Kleines Geschäft für Mode, Accessoires und andere „Feinheiten".

17 [D4] **Gepetto,** Maria-Theresien-Straße 34 (im Arkadenhof), Tel. 560212, www.gepetto.at, geöffnet: Mo.–Fr. 9.30–18.30 Uhr, Sa. 10–17 Uhr. Kleidung für Babys, Kinder und Jugendliche bis 16 Jahren.

18 [C3] **Moden Gatt,** Schlossergasse 4, Tel. 583853, www.gatt-moden.at, geöffnet: Mo.–Fr. 9.30–18 Uhr, Sa. 10–14 Uhr. Renommiertes, 1867 gegründetes Modehaus für Damenbekleidung, das alle paar Wochen die neuesten Modetrends aus den italienischen Modezentren Mailand und Florenz über den Brenner nach Tirol bringt.

19 [C4] **Petera,** Maria-Theresien-Straße 18, Tel. 58486017, www.petera.at, geöffnet: Mo.–Fr. 9–18.30 Uhr, Sa. 9–18 Uhr. Petera ist ein altehrwürdiges Unternehmen für Damenmode, hochwertige Produkte und die neusten Modetrends.

20 [D4] **Stiefelkönig,** Museumstraße 8, Tel. 565989, www.stiefelkoenig.com, geöffnet: Mo.–Fr. 9–18.30, Sa. 9–17 Uhr. Stiefelkönig ist eine Filiale des traditionsreichen österreichischen Schuhhandelshauses.

21 [D4] **Tiroler Heimatwerk,** Meraner Straße 2, Tel. 582320, www.tiroler.heimatwerk.at, geöffnet: Mo.–Fr. 9–18 Uhr, Sa. 9–12 Uhr. Seit 1934 Anlaufpunkt für Trachtenliebhaber: Dirndln, Lederhosen, Joppen und Stoffe. Daneben Geschenkartikel und folkloristisches Kunsthandwerk.

Antiquitäten, Schmuck

22 [D4] **Kunst und Antiquitäten Konzert,** Erlerstraße 15, Tel. 0650 3532600, geöffnet: Mo.–Fr. 9.30–13 Uhr, 14.30–17.30 Uhr. Kleiner Schauraum mit hochwertigen Antiquitäten. Freundliche Beratung.

23 [C3] **Swarovski Innsbruck,** Herzog-Friedrich-Straße 39, Tel. 573100, http://innsbruck.swarovski.com, geöffnet: Mo.–So. 8–19.30 Uhr. Nicht nur in Wattens, auch in der Innsbrucker Altstadt glitzert es. Eine moderne Shoppingwelt entstand in einem revitalisierten Haus aus dem 15. Jahrhundert. Dort werden die kristallinen Schmuckstücke feilgeboten.

Souvenirs und Seltenes

25 [C3] **Gläserkastl,** Domplatz, Tel. 580660, www.glaeserkastl.com. Handgemachte Glasprodukte für Weihnachten und Ostern, für Taufen und Hochzeiten sowie als Geschenke und für die eigenen vier Wände.

26 [C3] **Holzschnitzereien Strobl Bonifaz,** Seilergasse 11, Tel. 0676 6421035, www.figuren-strobl.at, geöffnet: Mo.–Fr. 9.30–18 Uhr, Sa. 9.30–14 Uhr. Reiche Auswahl an Krippen und Krippenfiguren sowie auch an profanen, sakralen und modernen Figuren. Es werden auch Skulpturen nach individuellen Kundenwünschen angefertigt.

27 [B2] **Seifengeschäft Walde,** Innstraße 23, Tel. 285810, www.walde.at. Eines der ältesten Innsbrucker Familienunternehmen, in dem man edle Seifen – beispielsweise in den Sorten Weihrauch, Hanföl oder Johanniskraut – Naturseifen und Badezusätze erwerben kann. Daneben gibt es Kosmetikprodukte und ökologische Reinigungsmittel. Einkaufstipp!

28 [D5] **Tirol Shop,** Maria-Theresien-Straße 55, Tel. 5321538, www.tirol-shop.com, geöffnet: Mo.–Fr. 8–18 Uhr, Sa. 9–17 Uhr. Hier findet man Ausrüstung und Bekleidung für die Bergtour und auch Mitbringsel für die Daheimgebliebenen: Funktionsbekleidung, Tirol-Mützen, Taschen, Rucksäcke, Naturprodukte und Souvenirs.

EXTRATIPP

Uhren Schmollgruber

In der engen Pfarrgasse versteckt sich ein Geschäft der besonderen Art. Das historische **Prechthaus** beherbergt eine der letzten Uhrmacher-Werkstätten. Die beiden Uhrmachermeister Georg Schmollgruber und sein Sohn Philipp arbeiten in sanierten gotischen Gewölben an seltenen Uhrwerken. An die 100 alte Zeitmesser wie eine Eisenuhr aus dem Jahre 1680 mit Unrast, Tiroler Eisenzappler, französische Pendeluhren und Biedermeier-Alabaster-Uhren werden neben zahlreichen anderen Kuriositäten entsprechend der traditionellen Uhrmacherkunst betreut und wieder zum Leben erweckt. Daneben werden Zeitmesser wie Chronoswiss, Nomos Glashütte und die Eigenmarke Schmollgruber präsentiert. Ein Muss für Uhrenliebhaber und solche, die es werden wollen!

24 [C3] **Uhren Schmollgruber,** Pfarrgasse 4, Tel. 588422, www.schmollgruber.cc, geöffnet: Mo.–Fr. 8.45–18 Uhr, Sa. 8.45–17 Uhr

008in Abb.: se

› **Touristinformation Innsbruck** (s. S. 111). Neben Information erhält man hier auch jede Menge Souvenirs, die alle mehr oder weniger mit Innsbruck in Verbindung stehen.

Kaufhäuser und Passagen

29 [C4] **RathausGalerien,** Maria-Theresien-Straße 18, Tel. 574861, www.rathausgalerien.at, Shops: Mo.–Fr. 9–19 Uhr, Sa. 9–18 Uhr; Gastronomie: bis 24 Uhr. Die Einkaufsgalerie nach Plänen des französischen Stararchitekten Dominique Perrault erhält durch ein hohes Glasdach viel Licht. Die bunten Glasflächen entwarf Daniel Buren. Ein 37 m hoher gläserner Campanile, dessen Fassade von Peter Kogler künstlerisch gestaltet wurde, überragt als Aussichtsturm die ganze Innenstadt. Das Angebot umfasst etliche Shops namhafter Modehersteller und ein vielfältiges Gastronomie-Angebot.

30 [F4] **Sillpark,** Museumstraße 38, Tel. 567400, www.sillpark.at, geöffnet: Mi.–Do. 9–19 Uhr, Do.–Fr. 9–20 Uhr. Dieses riesige Einkaufszentrum bietet Shops, Gastronomie, Events und ein Kinderparadies und ist nicht weit vom Hauptbahnhof am gleichnamigen Fluss gelegen.

EXTRATIPPS

Kaufhaus Tyrol

Das relativ neue Kaufhaus Tyrol bezeichnet sich als Zentrum einer „City-Shopping-Welt Innsbruck". Man wollte mit dem 2010 wiedereröffneten Kaufhaus ein Signal zur wirtschaftlichen Wiederbelebung der Innsbrucker Innenstadt senden. Auf den 33.000 Quadratmetern Verkaufsfläche präsentieren sich circa 55 einheimische und internationale Geschäfte, ergänzt durch sechs Gastronomiebetriebe. Angesprochen werden sollen sowohl die Innsbrucker als auch die Shopping-Pendler aus dem Umland und natürlich die Touristen. Einer der Platzhirsche ist die Modekette Peek & Cloppenburg, die über drei Stockwerke verteilt Eigenmarken und Designerlabels vertreibt. Sportler frequentieren die Firma Intersport, ein H&M-Modeladen ist ebenfalls vor Ort. Im vierten Stock gibt es ein Saturn-Elektrowarengeschäft. Ergänzt werden die internationalen Ketten durch einheimische Firmen wie MPreis, Tyrolia oder Miller Optik.

31 [D4] **Tyrol,** Maria-Theresien-Straße 31, Tel. 901115, www.kaufhaus-tyrol.at, Shops: Mo.–Mi. 9–19 Uhr, Do., Fr. 9–20 Uhr, Sa. 9–18 Uhr

Souvenirmeile im Herzen der Altstadt

Die **Hofgasse** [C/D3] zwischen Goldenem Dachl 5 und Hofburg 10 ist für Souvenirjäger geradezu prädestiniert: Hier reihen sich kleine Läden wie Perlen auf einer Kette aneinander. Es gibt beileibe nicht nur Kitsch und Krempel zu erwerben, sondern auch hübsche Geschenke und Tiroler Schmankerl wie Käse, Speck oder Schnäpse.

Shop 'n' Stop

Die **Hörtnagl-Passage** zwischen Burggraben und Maria-Theresien-Straße eignet sich hervorragend für eine kleine Verschnaufpause. Dort befindet sich ein viel frequentiertes Café und im ersten Stock der **Mittagstisch@Merancr** (s. S. 24), eine günstige und gute Adresse für den Lunch.

Auch in den **RathausGalerien** (s. S. 18) kann man eine kulinarische Pause einlegen – und sei es nur auf einen Kaffee in der Bäckerei-Filiale. In der Altstadt bietet sich nach einem ausgiebigen Laden-Bummel ein Besuch des **Strudel-Café Kröll** (s. S. 56) in der Hofgasse an.

Innsbruck für Genießer

Essen und Trinken

Die Innsbrucker Gastronomie ist vielfältig und bietet neben einheimischen Tiroler Spezialitäten auch ein breites Angebot an mediterraner und internationaler Küche. Man kann wählen zwischen rustikalen **österreichischen Beiseln** (einfachen Lokalen) mit deftiger Hausmannskost, original **italienischen Restaurants**, in denen man das nahe gelegene Nachbarland erschmecken kann, und jeder Menge **internationaler Lokale** – vom japanischen Sushi-Tempel bis hin zur einfachen chinesischen Garküche. Etliche **Haubenlokale** (vergleichbar mit Sternerestaurants) haben sich in Innsbruck angesiedelt und lassen keine Wünsche offen. Seit vielen Jahren hat sich ein verstärktes Bewusstsein für **regionale und ökologisch produzierte Produkte** sowie für saisonale Gerichte entwickelt. Man sollte viel Zeit und Hunger mitbringen, um sich durch das breit gefächerte kulinarische Angebot Innsbrucks durchzuarbeiten – vom Würstelstand bis zum alpenländischen Gamsbraten, von der Tiroler Jausen mit Käse und Speck bis zur gegrillten Seezunge. Auch **Vegetarier** werden auf den Speisekarten fündig, wenngleich rein vegetarische Restaurants bis jetzt eher selten sind.

Kleine Tiroler Schmankerlkunde

Was für die Bayern die Weißwurst, ist für die Tiroler ihr **Speck.** Neben dem **Bergkäse** darf er bei keiner „Jausen“ (Brotzeit) fehlen. Viele Bauern stellen ihn nach uralten überlieferten Geheimrezepten her – speziell was die Gewürzmischung und die Art des Räucherns betrifft. Man legt Wert darauf, dass der **Tiroler Speck** nicht zum Einheitsprodukt verkommt und achtet auf Vielfalt. Durch seine Haltbarkeit eignet er sich auch als Mitbringsel und kann in etlichen Feinkostgeschäften gekauft werden. Fehlen darf

Vom Tiroler Bergkäse sollte man in Innsbruck unbedingt kosten

009in Abb.: se

Smoker's Guide

In Österreich wird gerne und viel geraucht, mehr als in vielen anderen europäischen Ländern. Obwohl offiziell in der Alpenrepublik zwar seit 2009 ein ***Rauchverbot in öffentlichen Einrichtungen*** *gilt, ist Österreich im Gegensatz zu den strengen Regelungen vieler deutscher Bundesländer oder des Nachbarlandes Italien noch eines der letzten verbliebenen Raucher-Paradiese Europas. Obwohl sich auch hier in den vergangenen Jahren einiges geändert hat. In den meisten Gaststätten und Cafés gibt es* ***Raucher- und Nichtraucherbereiche,*** *kleine Kneipen können selbst entscheiden, ob in ihren vier Wänden gequalmt werden darf.* ***Raucherlokale*** *sind durch einen Aufkleber im Eingangsbereich gekennzeichnet.*

er auch nicht in den traditionellen Tiroler Speckknödeln. Sie werden entweder in der Suppe, mit Salat, mit Kraut, Pilzen oder zusammen mit anderen Knödelvariationen angeboten – Tirol ist nämlich ein **Knödelland.** Spinatknödel, Kaspressknödel (flach gepresste Knödel aus Knödelbrot und Käse), Semmelknödel mit Rahmschwammerl (Pilzen), Rohnenknödel (Rote-Bete-Knödel) mit Parmesan – die Fantasie der Köche kennt keine Grenzen.

Viele **Käsesorten** werden in Tirol mit **Heumilch** hergestellt. Dabei verzichten die Bauern bei der Fütterung der Tiere auf Silofutter und erhöhen dadurch die Qualität der Mich. Die Fütterung mit Gras, Futtergetreide und duftendem Heu im Winter ist die Grundlage für die Heumilch.

Beliebte **Fleischgerichte** sind das Tiroler Gröstl, ein Pfannengericht aus Kartoffeln, Rindfleisch und Zwiebeln, das oft mit Spiegelei serviert wird, Zwiebelrostbraten und Wildspezialitäten. Und zum Abschluss eines deftigen Tiroler Essens empfiehlt sich ein Stamperl Schnaps. Die Region um Innsbruck ist berühmt für ihre **Edelbrände.** Egal ob Apfel, Birne, Zwetschge oder Holunder – aus den Früchten der Gegend entstehen zum Teil preisgekrönte Wässerchen. Edle Brände kann man zum Beispiel im Klosterladen von Stift Wilten 36 erwerben.

Hervorhebenswerte Lokale

Tiroler und Österreichische Küche

32 [D4] **Das Schindler** €€, Maria-Theresien-Straße 31, Tel. 566969, www.dasschindler.at, geöffnet: Mo.–Sa. 8–24 Uhr. „Cuisine Naturelle" nennt sich die kreative Kochkunst im Schindler, bei der besonderer Wert auf regionale und saisonale Spezialitäten gelegt wird. Österreichische Küche, modern interpretiert. Auch Frühstück und Lunch.

33 [C3] **Die Wilderin** €€, Seilergasse 5, Tel. 562728, www.diewilderin.at, geöffnet: Di.–Sa. ab 17 Uhr, So. und Fe. ab 16 Uhr. Kleines, versteckt in einer Seitengasse der Altstadt gelegenes Lokal, das sich ganz auf einheimische Produkte

Preiskategorien

€	bis 12 Euro
€€	12 bis 20 Euro
€€€	über 20 Euro

Die Angaben gelten für ein Hauptgericht pro Person ohne Getränk. Vor allem in der Hauptsaison sollte man rechtzeitig einen Tisch reservieren.

spezialisiert hat und diese raffiniert zubereitet. Die Speisekarte reicht vom Kürbisrisotto bis zur Lasagne aus Haflinger-Pferdehackfleisch. Gute Weine.

34 [C5] **Gasthaus Anich** €, Anichstr. 15, Tel. 570450. geöffnet Mo.–Sa. 9–24 Uhr. Gemütliches Gasthaus, das sich trotz Renovierung seinen Beisl-Charme erhalten hat. Deftige österreichische Küche, zum Beispiel Tiroler G'röstel, Zillertaler Ofenleber oder Wiener Backhendl.

35 [C3] **Gasthaus Goldenes Dachl** €€, Hofgasse 1, Tel. 589370, geöffnet: tägl. 7.30–24 Uhr. Gute Tiroler Speisen und freundlicher Service direkt im Herzen der Altstadt. Durchgehend warme Küche.

36 [G1] **Lewisch** €, Bienerstraße 19, Tel. 586043, www.lewisch.at, geöffnet: tägl. 11–24 Uhr. Das urige Wirtshaus, ehemals eine Bierhalle, bietet traditionelle österreichische Schmankerl zu fairen Preisen. Fritattensuppe, Gulasch und Schnitzel dürfen nicht fehlen.

37 [C4] **Lichtblick** €€€, Maria-Theresien-Straße 18/7. Stock, Tel. 566550, www.restaurant-lichtblick.at, geöffnet: Mo.–Sa. 10–1 Uhr, tagsüber Café, abends Restaurant (reservieren!). Für viele Stammgäste ein liebgewonnener Lichtblick: Ambitionierte Küche im Designrestaurant hoch über den Dächern der Stadt.

› **Ottoburg** €€, Tel. 584338, www.ottoburg.at, geöffnet: tägl. 11.30–14.30 Uhr und 18–24 Uhr (außer 24.12.). Die Ottoburg **2** ist eine denkmalgeschützte Sehenswürdigkeit aus dem Mittelalter. In den um 1860 errichteten Stuben lässt es sich in besonderer Atmosphäre speisen. Angeboten werden österreichische Klassiker wie Tafelspitz und Wiener Schnitzel sowie Wild- und Fischgerichte.

38 [ci] **Schöneck** €€€, Weiherburggasse 6, Tel. 272728, www.wirtshaus-schoeneck.at, geöffnet: Di.–Sa. abends, Mi.–Sa. auch Mittagsmenü (Reservierung erbeten). Traditionsreiches Feinschmeckerlokal mit zwei Hauben (vergleichbar mit Sternen) hoch über den Dächern der Altstadt in der Nähe des Alpenzoos. Tiroler Spezialitäten raffiniert zubereitet. Saisonale Schmankerl von Spargel bis Trüffel.

39 [D3] **Stiftskeller** €€, Stiftsgasse 1–7, Tel. 570706, geöffnet: tägl. 10–24 Uhr. Großes Wirtshaus in der Altstadt gegenüber der Hofkirche. Erinnert ein bisschen an das Münchner Hofbräuhaus und auch das bayerische Augustiner-Bier fließt in Strömen. Dazu passen klassische Fleischgerichte wie die halbe Schweinshaxe mit Sauerkraut und Brezenknödel. Etwas laut.

40 [C3] **Weinhaus Happ** €€, Herzog-Friedrich-Straße 14, Tel. 582980, www.weinhaus-happ.at, geöffnet: tägl. 11–22.45 Uhr. Traditionsreiches Gasthaus unter den Lauben ganz in der Nähe des Goldenen Dachls. Geboten werden Tiroler Spezialitäten (gute Wildgerichte) und eine breit gefächerte Weinkarte.

Gastro- und Nightlife-Areale

Bläulich hervorgehobene Bereiche in den Karten kennzeichnen Gebiete mit einem dichten Angebot an Restaurants, Bars, Klubs, Discos etc.

Internationale Küche

Wohl an keinem anderen Ort im deutschsprachigen Raum ist man dem italienischen Lebensgefühl so nahe wie in Innsbruck. Die Nähe zur Grenze des südlichen Nachbarn schlägt sich auch im reichhaltigen kulinarischen Angebot nieder. Etliche Restaurants bieten Gaumenfreuden, die man so teilweise nicht einmal in Italien erhält. Aber auch Freunde anderer Küchenrichtungen werden fündig.

41 [C3] **Cammerlander** €, Innrain 2 (Am Marktplatz), www.cammerlander.at,

Innsbruck für Genießer

Tel. 586398, geöffnet: Mo–So: 11.30–24 Uhr. Hier gibt es Pastavariationen und japanische Ramen-Gerichte ebenso wie Schnitzel und Tiroler Zwiebelrostbraten und im Sommer den herrlichen Blick auf das gegenüberliegende Innufer.

42 [B3] **China Restaurant Waldorf** €, Höttinger Gasse 6, Tel. 285103, geöffnet: Di–So. 11.30–14.30 Uhr und 17.30–23 Uhr. Eines der ältesten und beliebtesten China-Restaurants Innsbrucks.

43 [B4] **China Restaurant Sun Rise II** €, Innrain 11, Tel. 589705, www.chinarestaurant-sunrise.at, geöffnet: tägl. 11.30–14 Uhr und 18–22.15 Uhr. Großes Restaurant mit Gastgarten in der Innenstadt. Chinesische und thailändische Spezialitäten.

44 [D5] **Die Pizzerei** €, Boznerplatz 6, Tel. 583796, www.diepizzerei.at, geöffnet: Mo.–Sa. 11.30–14 Uhr und 17.30–1 Uhr. Vielleicht die besten Pizzen zwischen Bari und Berlin. Dünner Boden, qualitativ hochwertige Zutaten aus einem eigens von einem Südtiroler Ofensetzer gebauten Holzofen.

45 [C4] **Little India** €, Adolf-Pichler-Platz 2, Tel. 577111. Kleines Lokal mit authentischer indischer Garküche.

46 [C6] **Madhuban** €€, Templstraße 2, E-Mail: 589157, www.madhuban.at, geöffnet: Mo.–Fr. 11.30–14, 18.30–22 Uhr, Sa., So. und Fe. 18.30–22 Uhr. Hervorragende indische Küche, die die Gewürzvielfalt des Subkontinents voll zur Geltung bringt. Neben Fleisch- und Fischspezialitäten gibt es raffinierte Suppen und ein reichhaltiges Angebot für Vegetarier.

47 [B4] **Poseidon der Grieche** €, Innrain 38, Tel. 908204, www.poseidon-der grieche.com, geöffnet: tägl. 11–24 Uhr. Griechisches Lokal mit großer Auswahl und täglich wechselnden Mittagsmenüs.

48 [C5] **Sapori** €€, Fallmerayerstraße 12, Tel. 587530, www.sapori.at, geöffnet: Di.–Sa. 11.30–14 Uhr und 18–23 Uhr. Hervorragender Italiener in der Innenstadt. Es gibt alles, was das auf mediterrane Kost eingestellte Herz begehrt: von leckeren Pizzen aus dem Steinofen über raffinierte Pastakreationen bis hin zu Fisch- und Fleischgerichten. Großer und exquisiter Weinkeller! Reservierung empfohlen.

49 [B3] **Trattoria da Peppino** €€, Kirschentalgasse 6, Tel. 275699, www.trattoriadapeppino.stadtausstellung.at, geöffnet: Di.–Sa. 18–24 Uhr. Gemütlicher und beliebter Italiener in Anbruggen, der sich besonders durch seine Meeresfrüchte und Fischgerichte auszeichnet. Für Romantiker geeignet!

EXTRATIPP

Für den späten Hunger

52 [D3] **Chili Kebap,** Angerzellgasse 10, Tel. 563163, www.chili-kebap.com. Kebap-Laden zwischen Treibhaus und dem Danceklub Night Live, der sich über die Jahre hinweg einen gewissen Kultstatus erworben hat. Täglich bis 4 Uhr morgens können Nachtschwärmer hier mittels orientalischer und italienischer Imbisse den späten Hunger stillen. Auch Lieferservice.

53 [C4] **Würstelstand Siedepunkt,** Maria-Theresien-Straße, neben der Annasäule, Tel. 0664 3652344, http://siedepunkt.gusti.at. In Österreich gehören Würstelstände einfach zum Stadtbild und dienen als Kalorien-Tankstelle zu später Stunde. Dieser im Herzen der Innenstadt gelegene Würstelstand kredenzt neben den klassischen Wurstspezialitäten wie Frankfurter (Wiener) oder Käsekrainer auch vegetarische Bosna, Hotdogs und den eigens kreierten Rathaus-Burger. Bis 2 Uhr nachts geöffnet.

Bierlokale und Imbisse

50 [fk] **Harly Coffee Bar** €, Bleichenweg 18, Tel. 369323, www.harly-coffeebar.com, geöffnet: Mo.-Sa. 9-2 Uhr, So./Fe. 13-2 Uhr. Nicht nur für USA-Fans und Biker eine beliebte Anlaufadresse. Die Burger, Wraps und Steaks können sich sehen lassen.

51 [C4] **Krahvogel** €, Anichstraße 12, Tel. 580149, www.innsbruckplus/krahvogel, geöffnet: Mo.-So. Beliebter Studententreff, der zu Bier und anderen Getränken Fingerfood, Wraps, Hühnerflügel, Salate und mehr bietet.

Cafés

Österreichische **Kaffeehäuser** sind legendär. Der Legende nach fand das schwarze Heißgetränk ab der Türkenbelagerung Wiens 1683 den Weg in die österreichische Lebensart. Heute spricht man die Gründung des ersten Wiener Kaffeehauses dem Armenier Johannes Theodat zu. Von Wien aus eroberte die Kaffeebohne das gesamte Kaiserreich und fand seinen Weg natürlich auch nach Innsbruck, wo es bis heute eine ganze Reihe traditioneller Kaffeehäuser gibt. Daneben haben sich aber auch moderne Cafés etabliert. Typische **Kaffeevarianten** sind der große und der kleine Braune (ein kräftiger Kaffee mit Milch), der Verlängerte, der vermutlich am ehesten der klassischen deutschen Tasse Kaffee entspricht, und die Melange, ein Kaffee mit viel Milchschaum. Italienische Kaffeespezialitäten wie der Cappuccino dürfen allein schon durch die Nähe zum Nachbarland nicht fehlen. Und ebenso wie in „Bella Italia" werden auch in Innsbruck Schleckermäulchen in den etlichen Eisdielen verwöhnt.

54 [C3] **Amorino,** Herzog-Friedrich-Straße 1, www.amorino.com, geöffnet: Mo.-Fr. 12-22 Uhr, Sa., So. 10-22 Uhr. Das angeblich beste Eis der Stadt gibt es direkt neben dem Goldenen Dachl.

55 [D4] **Café Central,** Gilmstraße 5, Tel. 2580310, www.central.co.at, geöffnet: Mo.-So. 7.30-22 Uhr. Traditionelles Café in Alt-Wiener Kaffeehaustradition. Pianoabend am Sonntag. WLAN.

56 [C3] **Café Katzung,** Herzog-Friedrich-Straße 16, Tel. 586183, www.cafe-katzung.at, geöffnet: Mo.-Sa. 8-24 Uhr, So. 9-24 Uhr. Für viele Innsbrucker ist dieses Café im Herzen der Altstadt ein zweites Wohnzimmer.

57 [D3] **Café Sacher,** Rennweg 1, Tel. 565626, www.sacher.com, geöffnet: Mo.-So. 8.30-24 Uhr. Nicht nur in Wien, sondern auch in Innsbruck kann man die vermutlich berühmteste Torte der Welt bestellen, die Sachertorte. Dazu eine Melange oder einen großen Braunen – kaiserliche Kaffeehausatmosphäre pur. Auch Klassiker der österreichischen Küche für hungrige Mägen. Zentral bei der Hofburg gelegen.

010in Abb.: se

▷ *Österreichische Kaffeehaustradition im Café Sacher*

Innsbruck für Genießer

EXTRATIPP

Dinner for one

In vielen Innsbrucker Lokalen muss man kein schlechtes Gefühl dabei haben, sein Essen oder seinen Drink allein einzunehmen. Auch ohne Begleitung bieten folgende Institutionen eine angenehme und ungezwungene Atmosphäre:

› **Kaffeehäuser** (s. S. 23): Es ist nicht nur möglich, sondern sogar üblich, Kaffeehäuser allein aufzusuchen, eine Zeitung zu lesen und dezent den Blick durch die Räumlichkeiten schweifen zu lassen. Klassische Kaffeehäuser sind das Café Central, Café Sacher oder das Café Munding.

61 [D4] **Mittagstisch@Meraner,** Burggraben 4–6. In der 1. Etage der Hörtnagl-Passage lässt es sich von Montag bis Samstag zwischen 11 und 14 Uhr vortrefflich schlemmen. Der Mittagstisch der Cateringfirma Meraner bietet für 8,60 Euro ein „All inklusive Menü" an, das sich sehen und schmecken lassen kann. Im Preis eingeschlossen sind Suppe, Salat und Hauptgericht vom warmen Buffet. Die Auswahl reicht von delikaten Fleischgerichten über eine große Beilagenvielfalt bis hin zu österreichischen Mehlspeisen. Zum Nachtisch gibt es süße Kuchen- und Tortenteilchen. Nach diesem Mittagstisch ist man mindestens bis zum späten Abend für das Innsbruck-Besichtigungsprogramm gestärkt.

› **Stiftskeller** (s. S. 21): In dem großen Wirtshaus gibt es kleine Tische. Wer höflich fragt, kann sich aber sicher auch an einen der großen Tische dazugesellen, wodurch sich – falls erwünscht – schnell auch Kontakte ergeben.

Lokale mit guter Aussicht

62 Alpenlounge Seegrube, Bergstation Seegrube, Tel. 6648844781, www.archivcongress.at, geöffnet: Sa.–Do. 8.30–17 Uhr, Fr. 8.30–23.30 Uhr. Mit der Hungerburgbahn und der Nordkettenbahn 34 gelangt man auf das alpine Dach Innsbrucks und blickt über die Inntal-Ebene bis weit in die italienischen Alpen. Selbstbedienungsrestaurant und von Freitag bis Sonntag Restaurant im 1. Stock.

› **Cammerlander** (s. S. 21): In dem Lokal mit internationalen Gerichten kann man im Sommer direkt am Inn sitzen, schaut auf die Fassaden von Mariahilf am gegenüberliegenden Ufer und kann den Blick über die Gipfel der Nordkette schweifen lassen.

› **Lichtblick** (s. S. 21): Von der obersten Etage des Rathauses aus genießt man einen fantastischen Blick über die Dächer der Innenstadt und auf die Alpenkulisse.

63 [E9] **Restaurant und Café im Turm,** Bergiselweg 3, Tel. 58925930, www.bergisel.info, geöffnet: Juni–Okt. tägl. 9–18 Uhr, Nov.–Mai Mi.–Mo. 10–17 Uhr; ab 19 Uhr kann das Restaurant exklusiv gemietet werden. Das Panoramarestaurant der Skisprungschanze:

58 [D4] **Cafe-Bar Wilhelm Greil,** Wilhelm-Greil-Straße 9, Tel. 574639, geöffnet: Mo.–Fr. 8–24 Uhr, Sa. 9–17 Uhr. Zwischen Hauptbahnhof und Altstadt gelegenes Café.

59 [C4] **Konditorei-Café Munding,** Kiebachgasse 16, Tel. 890076, www.munding.at. Innsbrucks älteste Konditorei lockt mit 60 verschiedenen Kaffeespezialitäten und einer großen Auswahl an Kuchen und Torten. Eine besondere Spezialität sind die „Süßen Schindeln vom Goldenen Dachl", eine Pralinenspezialität aus Marzipan, Mandelnougat, Honig und Edelbitterschokolade. Aber auch die Baiser-Kuchen, zum

Wo Skispringer sich im Januar in die Tiefe stürzen, kann auch der Ottonormalbürger den faszinierenden Ausblick auf Stadion und Wilten genießen – ganz ohne Verletzungsgefahr und mit kulinarischer Betreuung.

Lecker vegetarisch

Generell finden Vegetarier in Innsbruck so gut wie in jedem Lokal das richtige Essen, auch wenn es im Vergleich zu europäischen Metropolen noch kaum explizit vegetarische Restaurants gibt. Berühmt ist Tirol für seine Knödelvariationen und da gibt es auch vegetarische Rundlinge wie etwa Spinatknödel oder Rote-Bete-Knödel. Hier noch ein paar Lokale, in denen Vegetarier sicher fündig werden:

- **Die Wilderin** (s. S. 20): Das raffinierte Tiroler Wirtshaus punktet auch mit vegetarischen Gerichten.
- **Cammerlander** (s. S. 21): Ausgesprochen große Speisenauswahl, die auch bei Vegetariern keine Wünsche offen lässt.
- **Madhuban** (s. S. 22): Wie bei den meisten indischen Lokalen finden Vegetarier auf der Speisekarte ein reichhaltiges kulinarisches Angebot.
- **Strudel-Café Kröll** (s. S. 56): Die österreichische Nationalmehlspeise wird hier in allerhand Varianten dargeboten – die wenigsten davon beinhalten Fleisch.

Beispiel die Himbeer-Baiser-Torte, sind echte Leckerbissen. Der lauschige Platz vor dem Kaffee lädt die Schleckermäuler in der warmen Jahreszeit zum Draußensitzen ein.

60 [D3] **Theatercafé,** Universitätsstraße 3, Tel. 587367. Kleines Café schräg gegenüber der Jesuitenkirche.

Innsbruck am Abend

Die „Hauptstadt der Alpen" braucht sich, was ihr Nachtleben betrifft, nicht vor Städten wie Zürich, Bern, Salzburg oder Linz zu verstecken. Im Gegenteil: Die ganze Woche lang kann man sich nachts in Kneipen, Bars und Klubs vergnügen. An den Wochenenden haben manche Läden im Bereich der **Bögen** – so heißt die längste Partymeile der Stadt entlang der Ingenieur-Etzel-Straße [F4–G1] unter den Eisenbahngleisen – sogar bis in die Vormittagsstunden geöffnet. Eigentlich handelt es sich bei Innsbrucks Partyzone um alte Viaduktbögen aus dem 19. Jahrhundert, die bis heute von den Zügen der ÖBB ins Unterinntal befahren werden. Seit Jahrzehnten ist die Bogenmeile eine einzige Aneinanderreihung von Kneipen, Klubs und Cafés, die sich vom Hauptbahnhof nach Norden zieht. Unkenrufen zufolge haben die Bögen ihre besten Zeiten zwar hinter sich, an den Wochenenden steppt hier aber bis heute der Bär bis in die frühen Morgenstunden. Für jeden ist etwas dabei: Sei es die alternative Studentenkneipe oder der schrille Technoklub. Da kann es dann auch mal laut werden und der durchschnittliche Promillewert der Besucher steigt in ähnlich luftige Höhen wie die Gipfel der Nordkette.

Die internationale Studentenszene feiert zusammen mit den Tirolern aus Stadt und Umland und mit den Touristen aus aller Welt das ganze Jahr lang. Im Sommer kann man in den Gastgärten noch bis in die Abendstunden draußen sitzen, im Winter mischen sich die Skifahrer und Wintergäste unter das feierwütige Publikum. Nette Kneipen gibt es verteilt über die ganze Innenstadt. Auch im Herzen der Altstadt und auf der gegenüberliegen-

011in Abb.: se

den Innseite finden sich etliche lauschige Keller- und Gewölbekneipen.

Nachtleben

Bars und Kneipen

64 [F3] **Babalon,** Viaduktbögen 22, Tel. 581589, geöffnet: Di.-So. 18-3 Uhr. Etwas schräges Szenelokal unter den Bögen. Gut bestückte Bar.

65 [E3] **Cocktailbar Kir Royal,** Sillgasse 11, Tel. 585859, geöffnet: Mo.-Sa. 19-4 Uhr. Die angeblich „größte Cocktailkarte Tirols" enthält alle möglichen Cocktails, Longdrinks und Shots sowie Variationen und preisgekrönte Eigenkreationen des Chefs.

66 [C3] **da vincenzo brixnerhaus,** Domplatz 3, Tel. 563323, www.brixnerhaus.at, geöffnet: Mo.-Mi. 18-1 Uhr, Do.-Sa. 18-2 Uhr. Lebhafte kleine Bar. Perfekt, um nach Feierabend ein Glas Wein oder einen Cocktail zu trinken oder am Wochenende zu versumpfen. Für Stammgäste wie ein zweites Wohnzimmer, allerdings ein verrauchtes. Zum Drink gibt es kleine italienische Appetithäppchen.

67 [B3] **Innkeller,** Innstraße 1, Tel. 291508, geöffnet: Mo.-Sa. 20-2 Uhr. Beliebte Kellerkneipe an der Innbrücke gegenüber der Altstadt. Wechselnde DJ-Musik und entspannt-fröhliche Stimmung bis weit nach Mitternacht.

68 [C4] **Limerick Bill's Irish Pub,** Maria-Theresien-Straße 9, Tel. 582011, geöffnet: tägl. 16-6 Uhr. Klassischer Irish Pub in einem Gewölbe. Zentral in der Innenstadt gelegen. Hier kann man bei Guinness und Whiskey bis spät in die Nacht beziehungsweise in den frühen Morgen versumpfen.

69 [C3] **Moustache,** Herzog-Otto-Straße 8, Tel. 0680 2163908, www.cafe-moustache.at, geöffnet: Di.-So. 11-2 Uhr. Alternativ-studentisch geprägte Altstadtkneipe mit hohem Hipster-Anteil. Aufgeteilt in Afrika-Raum, Biedermeier-Raum und Arabischen Raum. Neben jungen Damen bedienen – dem Kneipenmotto entsprechend – Männer mit Bärten.

70 [G1] **The Shakespeare English Pub,** Viaduktbogen 80, Tel. 574239, geöffnet: Mo, Mi., Do. 19-1 Uhr, Fr., Sa. 19-4 Uhr, So. 19-24 Uhr. Netter Pub mit ver-

schiedenen englischen und irischen Biersorten und kleinen Snacks. Im Sommer hat der Gastgarten geöffnet.

Diskotheken und Klubs

71 [C3] **Club Aftershave,** Herzog-Otto-Str. 8, Ecke Badgasse, Tel. 0650 9100666, geöffnet: Di.–Do. 22–5 Uhr, Fr., Sa. 22–6 Uhr. Hier steppt nach Mitternacht der Bär und so mancher Student hat nach einem Klubbesuch seine Vorlesung versäumt oder ist danach direkt zum Frühstücken gegangen. Wechselnde DJs.

72 [D5] **Jimmy's,** Wilhelm-Greil-Straße 17, Tel. 570473, www.jimmys.at, geöffnet: Mi.–Sa. 20–2 Uhr. Szenebar im Stil der britischen 1960er-Jahre mit DJs und Livemusik. Beliebter Snowboarder-Treff.

73 [E8] **Mausefalle,** Tschamlerstraße 7 (im Cineplexx), Tel. 0699 12187395, www.mause-falle.at, geöffnet: tägl. ab 21 Uhr. So mancher Kater hat hier schon eine Maus gefangen ... Die ganze Woche über gibt es unterschiedliche Themenabende: dienstags Karaoke, mittwochs „Single Night" und am Wochenende „Happy Weekend".

74 [D7] **Weekender Club,** Tschamlerstraße 3, Tel. 570570, www.weekender.at, geöffnet: Mo. 21–4 Uhr, Fr., Sa. 22–4 Uhr. Livekonzerte und DJ Sets sorgen in dieser Innsbrucker Nightlife-Institution für Stimmung und durchtanzte Nächte. Am Montag findet regelmäßig die legendäre „Students Night" bei freiem Eintritt statt. Ständig nationale und internationale Bands.

Kinos

75 [E4] **Cinematograph,** Museumstraße 31, Tel. 578500, http://leokino.at. Programmkino, das auch Filme in Originalsprache zeigt.

76 [B3] **Metropol Kino,** Innstraße 5, Tel. 283310, www.metropol-kino.at. Multiplexkino am gegenüber der Altstadt liegenden Innufer.

EXTRATIPP

Casino Innsbruck

Laut Eigenwerbung gilt das Casino Innsbruck als eines der schönsten der Welt. Zumindest ist es vermutlich eines der schönsten Österreichs. Dafür sorgen die Lage mitten in der Innenstadt gegenüber dem **Landhausplatz** 26, die moderne Architektur und die großzügigen Räumlichkeiten. In der Glasfront über dem Eingangsbereich spiegelt sich tagsüber die Nordkette. Abends dreht sich alles ums Geld: Gäste haben die Möglichkeit, beim Eintritt die ermäßigten Begrüßungsjetons zu lösen, die bei allen Spielen im Casino Innsbruck einsetzbar sind. Für 23 Euro erhalten Besucher Begrüßungsjetons im Wert von 25 Euro oder für 27 Euro den Wert von 30 Euro. Gewinnen oder verlieren kann man an den Spielautomaten, den sogenannten „einarmigen Banditen", an Roulette-, Black-Jack- und Pokertischen. Auch wenn das Adrenalin den Hunger im Spielfieber oftmals unterdrückt, ist auch für Speis und Trank gesorgt. Im klassischen Spielsaal benötigen Herren ein Sakko, das aber gegen eine kleine Gebühr auch ausgeliehen werden kann. Vorsicht: Glücksspiel kann süchtig machen!

•77 [D5] **Casino Innsbruck,** Salurner Straße 15, Tel. 5870400, www.casinos.at, Öffnungszeiten: Jackpot Casino täglich 11–1 Uhr (freitags und samstags bis 3 Uhr), klassischer Spielsaal täglich 15–3 Uhr. Am 24. Dezember ist das Casino Innsbruck geschlossen.

Abendlicher Blick vom Altstadt-Innufer auf den Stadtteil Sankt Nikolaus

Theater und Konzerte

Für jeden Geschmack dürfte in Innsbruck etwas dabei sein: Im Landestheater wird große Oper und europaweit beachtetes Theater geboten. Etliche private Theater führen moderne ebenso wie historische und volkstümliche Stücke auf. Ein besonderes Kleinod in Sachen Kultur stellt das Treibhaus dar. Internationale Stars bevorzugen für ihre Auftritte zumeist die Innsbrucker Olympiahalle.

Bühnen

78 [D5] **Freies Theater Innsbruck,** Wilhelm-Greil-Straße 23, Tel. 0681 20462468, www.freiestheater.at. Der Theaterbereich im Untergeschoß des Audioversums besteht aus Theatersaal und Proberaum und steht der heimischen, professionellen Theaterszene ebenso wie freien Projekten zur Verfügung.

79 [C4] **Innsbrucker Kellertheater,** Adolf-Pichler-Platz 8, Tel. 580743, www.kellertheater.at. Seit 1979 beweist dieses kleine Theater, dass es sehr spannend sein kann, wenn die Kultur im Keller ist. Der Spielplan konzentriert sich auf zeitgenössische Theaterliteratur.

80 [E8] **Innsbrucker Ritterspiele,** Klostergasse 6, Tel. 0664 3774661, www.innsbrucker-ritterspiele.info. Ritterstücke, Boulevardkomödien und Kindermärchen. Ab Mai 2014 ist die traditionelle Laienbühne wieder in ihrer alten Wirkungsstätte, dem Gasthaus Bierstindl am Fuße des Bergisel im Ortsteil Wilten, zu sehen.

81 [B5] **Leobühne Innsbruck,** Anichstraße 36, Tel. 0664 9351212, www.leobuehne.at. Seit über hundert Jahren abwechslungsreiches Theater.

14 [D3] **Tiroler Landestheater.** Das mit 800 Sitzplätzen bestückte Haus erfreut seine Besucher mit Schauspiel, Oper, Operette, Musical und Tanztheater.

82 [D3] **Treibhaus,** Angerzellgasse 8, Tel. 572000, www.treibhaus.at. „Spielplatz am Volksgarten" nennt sich die Innsbrucker Kultureinrichtung mit angeschlossenem Café, die längst Kultstatus erworben hat. Geboten werden Kabarett, Theater, Lesungen und Musik als „Lebensmittel für die Seele". Es lohnt sich, vor einem Innsbruck-Besuch das Programm genauer unter die Lupe zu nehmen – im Treibhaus stößt man ständig auf kulturelle Perlen.

Musik

83 [C2] **Kongress- und Konzerthaus,** Rennweg 3, Tel. 59361120, www.cmi.at. Vom Neujahrskonzert bis zum Musical reicht die musikalische Palette, die in den unterschiedlichen Sälen dargeboten wird.

84 [dk] **Olympiahalle,** Olympiastraße 10, Tel. 338380. Hier geben sich nationale und internationale Superstars die Klinke in die Hand.

85 [fi] **Tiroler Abende mit der Familie Gundolf,** Gasthaus Sandwirt, Reichenauerstraße 151, Tel. 263263, www.tiroler-abend.com, Eintritt: 29 Euro (inklusive eines Getränks). Die Tiroler Abende erfreuen sich seit über 40 Jahren großer Beliebtheit. Das Programm beinhaltet ausschließlich traditionelle Tiroler Volksmusik: Tänze und Schuhplattler sowie typischer Tiroler Gesang und Jodellieder. Man sollte auf jeden Fall rechtzeitig buchen!

› **Weekender Club** (s. S. 27). In diesem Klub sorgen jede Menge Livekonzerte nationaler und internationaler Bands verschiedener Stilrichtungen sowie DJ Sets für Stimmung.

Im Eingangsbereich des Tirol Panorama 39 am Bergisel

Innsbruck für Kunst- und Museumsfreunde

Museen

Wer denkt, in Innsbruck wäre durch die geografische Lage alles auf Sport und Outdoor-Aktivitäten ausgerichtet, während Liebhaber von Museen hier weniger auf ihre Kosten kommen, täuscht sich gewaltig. Die Tiroler Landeshauptstadt nennt eine beachtliche Museenvielfalt ihr Eigen, um die sie viele andere Städte ähnlicher Größe beneiden würden. Insbesondere in den vergangenen Jahrzehnten hat sich die Museumslandschaft grundlegend verändert: Mit dem **Tirol Panorama** 39 entstand auf dem Bergisel ein gewaltiger Ausstellungskomplex, etliche Häuser wie das Volkskunstmuseum wurden neu konzipiert und auf den modernsten Stand der Technik gebracht und mit dem Audioversum entstand eine einzigartige Ausstellung rund ums Hören.

Das **Tiroler Landesmuseum (Ferdinandeum)** 27 hütet die Kunstschätze Tirols und **Schloss Ambras** 43 entführt in die Welt von Spätmittelalter und Renaissance – Bauherr Ferdinand II. gründete dort mit seiner Wunderkammer das wohl älteste, bis heute original erhaltene Museum der Weltgeschichte. Auch Museen der besonderen Art gilt es zu besuchen: unter ihnen das Glockenmuseum, das Alpenvereinsmuseum oder das Apothekenmuseum.

Museen, die mit einer magentafarbenen Nummer (41) als Hauptsehenswürdigkeit ausgewiesen sind, werden im Kapitel „Innsbruck entdecken“ ausführlich beschrieben. Dort finden sich auch alle praktischen Informationen wie Adresse, Öffnungszeiten usw.

012in Abb.: se

Alpenverein-Museum: die Faszination der Berge

Als ***einziges Museum dieser Art in Österreich*** *verfügt das Alpenverein-Museum in Innsbruck über eine wertvolle Sammlung und blickt gleichzeitig auf eine mehr als hundertjährige Geschichte zurück. Seit 1973 hat das Museum seinen Sitz in Innsbruck, gegründet wurde es aber 1911 als Alpines Museum des Deutschen und Österreichischen Alpenvereins in München. Während des Zweiten Weltkrieges wurden wegen der drohenden Zerstörung wichtige Teile der Kunstsammlung nach Tirol evakuiert.*

Seit 1996 wurde bezüglich der kulturhistorischen Ausstellungen des Museums ein eigener Stil entwickelt. Beispielsweise werden die eigenen Bestände über die Rechercheplattform www.alpenarchiv.at zugänglich gemacht. ***Bis Ende Oktober 2014*** *präsentiert das Museum die* ***Ausstellung „Berge, eine unverständliche Leidenschaft“.*** *Die Schau ist ein großer Publikumserfolg: Etwa 250.000 Menschen besuchten die Dauerausstellung, die auch mit dem Österreichischen Museumspreis ausgezeichnet wurde. Innsbruck soll auch in Zukunft die Heimat des Alpenverein-Museums sein. Der zukünftige Standort der Dauerausstellung steht aber noch nicht fest. Neue Entwicklungen und Informationen erhalten Interessierte unter www.alpenverein.at.*

› ***Alpenverein-Museum,*** *Hofburg* ⑩*, Eingang Hofgasse, Tel. 5954719, www.alpenverein.at/portal/museum-kultur, bis Ende Oktober 2014 geöffnet: tägl. 9–17 Uhr, März–Sept. Mi. bis 19 Uhr. Zeitgemäße Darstellung des Alpinismus in all seinen Facetten im ersten Stockwerk der Hofburg.*

Blick auf die Stubaier Alpen – im Hintergrund der Habicht (3277 m)

013in Abb.: se

M87 [B6] **Anatomisches Museum Innsbruck,** Müllerstraße 59, Tel. 900371114, www.anatomie-innsbruck.at, geöffnet: Fr. 14–16 Uhr und nach Voranmeldung, Jun.–Sept. nur nach Voranmeldung, Eintritt frei. Museum der Universität mit Präparaten von Menschen, ganzen Skeletten und Modellen.

M88 [ej] **Archäologisches Museum Innsbruck,** Langer Weg 11, Filiale: Innrain 52 [A5], Tel. 50737568, geöffnet: Do. 14–19 Uhr (Standort Langer Weg 11), Fr. 14–19 Uhr (Standort Innrain 52), Eintritt: frei. Die Sammlung von Abgüssen und Originalen der Universität wurde 1869 gegründet und ist die zweitälteste archäologische Universitätssammlung in Österreich.

M89 [D5] **Audioversum,** Wilhelm-Greil-Straße 23, Tel. 0577 8899, www.audioversum.at. Neu und faszinierend: die interaktive Ausstellung rund ums Hören. Installationen auf über 1000 Quadratmetern zum Mitmachen, Mithören, Verstehen und Staunen.

41 [E8] **Glockenmuseum (Glockengießerei Grassmayr).** Das Glockenmuseum ist eine einzigartige Kombination aus Glockengießerei, Glockenmuseum und Klangraum.

M90 [ej] **Radiomuseum Innsbruck,** Kravoglstraße 19 a, Tel. 052522170, www.radiomuseum-schuchter.at, geöffnet: Mo. 10–13 Uhr und nach Vereinbarung. Das Innsbrucker Radiomuseum besteht seit 1965 und präsentiert neben historischen Radiogeräten, Erfindungen von K. Schuchter (1899–1977), dem Vater des Museumsbetreibers.

43 [fk] **Schloss Ambras.** Eintauchen in die Welt Ferdinands II. und seiner Gattin Philippine Welser mit der vollständig erhaltenen Kunst- und Wunderkammer.

4 [C3] **Stadtmuseum.** Hier werden in einer Dauerausstellung aus den Beständen des Stadtarchivs Aspekte der Stadtgeschichte vorgestellt.

M91 [E8] **Stiftsmuseum Wilten,** Klostergasse 7, Tel. 583048, www.stift-wilten.at, Besichtigungen sind nur im Rahmen einer Führung und nach Voranmeldung möglich. Kontakt: D. Nikolaus Albrecht OPraem, Tel. 58304851, nikolaus@stift-wilten.at. Das mit sakraler Kunst reich bestückte Museum dokumentiert die Geschichte des Prämonstratenserstifts am Fuße des Bergisel.

27 [D3] **Tiroler Landesmuseum (Ferdinandeum).** Kunstgeschichtlicher und historischer Rundgang von der Steinzeit bis zur Gegenwart des österreichischen Bundeslandes.

M92 [E8] **Tiroler Localbahnmuseum,** Pater-Reinisch-Weg 4, www.tmb.at, Tel. 06641116001, geöffnet: Mai–Okt. Sa. von 9–17 Uhr, Eintritt: 4 € (Kinder 2 €). Im Wartesaal und in den Räumlichkeiten der Fahrdienstleitung im ehemaligen Bahnhofsgebäude der Stubaitalbahn ist seit 1984 das Localbahnmuseum untergebracht. In drei Schauräumen werden alle Lokalbahnen und Straßenbahnbetriebe auf dem Gebiet Alt-Tirols (Nord- und Südtirol sowie „Welschtirol"/Trentino) in Wort und Bild dokumentiert. Zum Museum gelangt man mit einer historischen Straßenbahn vom Stadtzentrum aus. Die Benutzung des Museumszubringers ist im Eintritt inbegriffen (Abfahrt Hauptbahnhof: 11, 13 und 15 Uhr, Abfahrt Anichstraße/Rathausgalerien: 11.05, 13.05 und 15.05 Uhr).

11 [D3] **Tiroler Volkskunstmuseum.** Die spannende Ausstellung beherbergt die bedeutendste Sammlung von Kulturgut aus dem historischen Tirol. Schwerpunkte sind Kunsthandwerk, religiöse Volkskunst, getäfelte Stuben, Krippen und Festtagstrachten.

39 [E9] **Tirol Panorama.** Drei Museen sind in einem modernen Komplex zusammengefasst: Der Mythos Tirol, das Riesenrundgemälde und das Kaiserjägermuseum geben Einblick in den Tiroler

EXTRATIPP

Apothekenmuseum

Die 1326 gegründete Stadtapotheke befindet sich seit dem Jahre 1578 im Familienbesitz. Besucher des Museums erhalten einen Einblick in über 400 Jahre Pharmazie- und Apothekengeschichte. Das Museum kann nach Anfrage in kleinen Gruppen besichtigt werden.

93 [C3] **Apothekenmuseum,** Herzog-Friedrich-Straße 25, geöffnet: Mo.–Fr. 8–18 Uhr, Sa. 8–12 Uhr, Tel. 589388, Eintritt: 3,50 €

Die Innsbruck Card

„Innsbruck all inclusive" – mit diesem Slogan wirbt die Stadt für die Innsbruck Card. Mit ihr öffnen sich die Pforten fast aller bedeutenden Sehenswürdigkeiten der Stadt: Museen wie das Ferdinandeum 27 oder das Tirol Panorama 39, die Hofburg 10 und Schloss Ambras 43 sind ebenso integriert wie der Besuch der Bergisel-Sprungschanze 40, des Alpenzoos 33 oder die Swarovski Kristallwelten 48 in Wattens plus Shuttlebus. Weitere Vorteile: Bei „I-Bike" an der Triumphpforte 25 kann man für fünf Stunden gratis ein Fahrrad leihen, mit „Per Pedes" (s. S. 124) Stadtspaziergänge unternehmen und es gibt Ermäßigungen für Fahrten mit dem Gästebob auf der Olympia Bob- und Rodelbahn in Igls 44. Besitzer der Karte können zudem im Bus **„The Sightseer"** und in allen **öffentlichen Verkehrsmitteln** der Stadt bis nach Igls und Hall gratis mitfahren. Auch sieben **Bergbahnen** in Innsbruck und seinen Feriendörfern (je eine Berg- und Talfahrt) sind im Preis inbegriffen – darunter die Fahrt auf den Patscherkofel oder mit der Hungerburg- und der Nordkettenbahn. Zusätzlich bieten einige Geschäfte Einkaufsvorteile und das Casino kredenzt einen Welcome-Drink. Die Innsbruck Card gilt ab Entwertung für 24, 48 oder 72 Stunden und kostet je nach Gültigkeitsdauer ab 31 Euro pro Tag. Kinder bis 15 Jahre zahlen nur den halben Preis.

Man sollte stets bedenken, dass man an einem Tag nicht alles besichtigen und erleben kann und daher den preislichen Nutzen der Innsbruck Card vorher durchkalkulieren. Wer eine der Bergbahnen (je eine Berg- und Talfahrt) benutzen möchte, hat die Kosten bei einem zusätzlichen Museumsbesuch bereits wieder drin. Wer dagegen lediglich Museen besuchen möchte, für den lohnt sich eher das Kombiticket der Tiroler Landesmuseen (s. S. 110). Die Innsbruck Card kann man in der Tourist-Info am Burggraben (s. S. 111) erwerben.

Freiheitskampf und in die Seele des widerspenstigen Alpenvolkes.

18 [G2] **Zeughaus.** Museum zur Kulturgeschichte Tirols im ehemaligen Waffendepot Kaiser Maximilians I.

Kunstgalerien

In der Innsbrucker Innenstadt begegnet man auf Schritt und Tritt Galerien, die internationale und österreichische Kunst präsentieren. Anlaufpunkt für Kunstliebhaber ist auf jeden Fall die **Maria-Theresien-Straße** 20, wo sich mit der Galerie im Taxispalais, der Galerie Thoman und dem Kunstraum Innsbruck gleich drei der bedeutendsten Häuser befinden.

94 [A4] **Galerie Esterhammer,** Mariahilfpark 3, Tel. 0664 3748354, www.galerie-esterhammer.at, geöffnet: Mo.–Fr. 9.45–12.15 Uhr und 18–19 Uhr, Sa. 10.30–12 Uhr. Galerie in Hötting mit Gemälden und Skulpturen.

95 [C3] **Galerie im Andechshof,** Innrain 1, Tel. 53601654, geöffnet: Mo.–Fr. 8–12 Uhr, Mo.–Do. 14–16.30 Uhr. Die städtische Galerie dient der Förde-

014in Abb.: se

rung junger Talente und zeigt regelmäßig wechselnde Ausstellungen.

96 [D5] **Galerie im Taxispalais,** Maria-Theresien-Straße 45, Tel. 5083171, www.galerieimtaxispalais.at, geöffnet: Di.–So. 11–18 Uhr, Do. 11–20 Uhr, Eintritt: 4 € (2 € ermäßigt). Galerie des Landes Tirol, die auf zeitgenössische Kunst spezialisiert ist.

97 [D4] **Galerie Johann Widauer,** Erlerstraße 13, Tel. 583848, www.widauer.at, geöffnet: Di.–Do. 14–18 Uhr, Fr. 9–13 Uhr. Die kleine Galerie des leidenschaftlichen Kunstsammlers zeigt Werke von Künstlern wie Heinz Gappmayr, Peter Kogler, Lawrence Weiner oder John Miller.

98 [D4] **Galerie Thoman,** Maria-Theresien-Straße 34, www.galeriethoman.com, Tel. 575785, geöffnet: Di.–Fr. 12–18 Uhr, Sa. 10 –17 Uhr. Die 1977 gegründete Galerie legt ihren Fokus auf Malerei und Skulptur und präsentiert bedeutende Künstler wie Hermann Nitsch, Franz West oder Eugen Wurm.

Moderne Skulptur auf dem Plateau vor dem Tirol Panorama 39

99 [D4] **Kunstraum Innsbruck,** Maria-Theresien-Straße 34, Arkadenhof, Tel. 584000, www.kunstraum-innsbruck.at, geöffnet: Di.–Fr. 15–18 Uhr, Sa. 11–16 Uhr. Eine 300 Quadratmeter große Halle dient als Ausstellungsfläche für Bilder, raumfüllende Installationen und andere Kunstprojekte.

Kunst und moderne Architektur

Hat sich Innsbruck bis in die zweite Hälfte des 20. Jahrhunderts moderner Kunst und Architektur eher verschlossen, kam es um die Jahrtausendwende zu einem regelrechten architektonischen Feuerwerk, das dem mittelalterlichen Stadtkern etliche moderne Kontrapunkte verlieh, einhergehend mit Kunstwerken im öffentlichen Raum.

Maßgeblich zum modernen Stadtbild Innsbrucks beigetragen hat die britisch-irakische Architektin Zaha Hadid. Sie konzipierte die **Bergiselschanze** 40 und die **Hungerburgbahn** (s. S. 78) mit ihren futuristisch geschwungenen Stationsgebäuden.

Moderne Architektur neben altehrwürdiger Baukunst ist für viele Areale Innsbrucks prägend: Am Rennweg direkt neben dem Landestheater 14 steht der **Pavillon**, ein moderner Kubus, der als Designlokal mit Café dient. Die **RathausGalerien** (s. S. 18) in der Maria-Theresien-Straße wurden vom französischen Architekten Dominique Perrault als überdachte Flaniermeile entworfen, gekrönt von einem 37 Meter hohen Campanile. Der neu gestaltete **Landhausplatz** 26 ist mit Kunstwerken ausgestattet, die der Erinnerung an den Zweiten Weltkrieg, den Holocaust und den Widerstand gegen den Nationalsozialismus dienen. Im Innenhof des Alten Landhauses 23 wurde die **Fassade der Georgskapelle** mit provozierenden Skulpturen versehen. Provoziert hat einst auch die ausdrucksstarke **Jesusstatue** des Künstlers Rudi Wach an der Innbrücke 1. Sie stellt den Gekreuzigten ohne Lendenschurz dar und hat bei Teilen der Bevölkerung für Empörung gesorgt, sodass sie erst 2010 ihren heutigen Platz gefunden hat und über den Auto-, Fahrrad- und Fußgängerverkehr wacht.

Ein ähnliches Schicksal erlitt jahrzehntelang der Künstler **Max Weiler**, dessen Malereien in der **Theresienkirche** 35 fast zum Volksaufstand geführt hätten. Mittlerweile ist man in Innsbruck stolz auf sein Werk, das den Besuchern der Stadt bereits in der neuen **Halle des Hauptbahnhofs** 30 begegnet: Auf zwei korrespondierenden riesigen Wandgemälden sind Innsbrucks Geschichte und Innsbrucks Gegenwart dargestellt.

Innsbruck zum Träumen und Entspannen

Innsbruck ist eine Stadt für Romantiker und Naturliebhaber. Die Stadt ist zwar um ein Vielfaches kleiner als Wien, besitzt aber an vielen Ecken ebenfalls den Charme der Habsburger Monarchie. Es gibt wie in Wien eine Hofburg 10, ein Café Sacher (s. S. 23) und die obligatorischen **Fiaker**, die frisch verliebte Pärchen durch die Innenstadt kutschieren.

Ein herrlicher Platz zum Träumen und Entspannen ist der **Hofgarten** 13 am Rennweg – vermutlich eine der schönsten und intimsten Parkanlagen Mitteleuropas. Von Frühling bis Herbst blüht es in allen Farben, Baumriesen spenden an heißen Sommertagen Schatten und auf den Parkbänken kann man durch die Baumkronen den Blick auf die Gipfel der Nordkette schweifen lassen. Ebenfalls ein Muss für Romantiker: das verwinkelte Gassennetz rund um den **Mundingplatz** 8. Selbst in der Hochsaison ist dieser Winkel der Altstadt manchmal fast menschenleer. An jeder Ecke entdecken aufmerksame Stadtbummler ein anderes fotogenes Detail.

Lohnende Spaziergänge kann man am **Innufer** unternehmen. Von der Altstadt-Innbrücke 1 aus kann man flussaufwärts oder flussabwärts marschieren und nach dem Überqueren des Flusses auf einer der vielen weiteren Brücken und Stege auf der gegenüberliegenden Seite wieder zurück-

Ein Ort für Romantiker: der Froschkönig-Brunnen im Hofgarten 13

015in Abb.: se

wandern. Stets hat man tolle Aussicht auf Häuserzeilen und Bergesgipfel. Wer es wildromantisch mag, sollte vom Bergisel aus eine Wanderung durch die **Sillschlucht** unternehmen. Ein idyllischer Spaziergang führt von Sankt Nikolaus aus über das Schloss Büchsenhausen und das Schöneck hinauf zum **Alpenzoo** 33, von wo aus man mit der Hungerburgbahn wieder ins Zentrum gelangt.

Falls das Wetter einmal nicht mitspielen sollte, sind auch die Innsbrucker **Kaffeehäuser** (s. S. 23) stets Oasen der Entspannung und Ruhe: Einfach bei einer der berühmten österreichischen Kaffeespezialitäten abschalten und in den ausgelegten Zeitungen blättern!

EXTRAINFO

Termine

Unter **http://innsbruck.eventsuche.com** kann man sich über aktuelle Termine und Veranstaltungen informieren.

Zur richtigen Zeit am richtigen Ort

In Innsbruck wird es zu keiner Jahreszeit langweilig, wenngleich es im Frühling und im Herbst etwas ruhiger zugeht als in der Winter- und Sommerhauptsaison. Neben sportlichen Großereignissen wie der Vierschanzentournee und dem größten Freestyle-Snowboard-Festival Europas kommt auch die Kultur nicht zu kurz: Von festlicher Musik zu Ostern über die Promenadekonzerte im Juli bis hin zum Hoffest Kaiser Maximilians wird alles geboten. Zünftig geht es auch bei den unzähligen Dorffesten rund um Innsbruck oder den legendären Tiroler Abenden bei Familie Gundolf (s. S. 28) zu, die ganzjährig stattfinden.

Frühling

› **Osterfestival** (März/April, www.osterfestival.at): Ein Festival der Begegnung von Kulturen und Religionen in Innsbruck

016in Abb.: TVB/Irene Ascher

und Hall. Spirituelle Erfahrungen und festliche Musik stehen im Vordergrund.

- **Innsbrucker Ostermarkt** (März/April, www.ostermarkt.at): Alljährlich wiederkehrender Markt in der Innsbrucker Altstadt mit Tiroler Schmankerln, einheimischem Kunsthandwerk, Spielzeug und Brauchtumsveranstaltungen.
- **Volksfest zum Tag der Arbeit:** Jedes Jahr am 1. Mai veranstaltet die SPÖ ein Fest im Rapoldipark (Nähe Hauptbahnhof/Pradl) mit Musik, Kinderprogramm sowie Speis und Trank – nicht nur für die Arbeiterklasse.

Sommer

- **Tanzsommer** (Juni/Juli, www.tanzsommer.at): Seit vielen Jahren tanzt die Stadt am Inn und mit ihr Tanzensembles aus aller Welt.
- **Promenadekonzerte** (Juli, www.promenadekonzerte.at): Ein Hauch von Donaumonarchie weht durch den Innenhof der Hofburg, wenn Blas- und Militärorchester einen Bogen von anspruchsvoller Musik bis zu Unterhaltungsmelodien schlagen. Bei jedem Wetter und bei freiem Eintritt!
- **Festival der Träume** (August, www.festival-der-traeume.at): Zirkus, Fantasie und Varieté stehen im Mittelpunkt dieser farbenfrohen und akrobatisch verspielten Veranstaltungsreihe.
- **Festwochen der Alten Musik** (Juli/August, www.altemusik.at): Renaissance und Barock haben Innsbruck geprägt. Dies drückt sich auch in den Festwochen aus, zu denen Liebhaber der Alten Musik von weither anreisen. Meister wie Paul Hofhaimer, Heinrich Isaac oder Pietro Antonio Cesti kommen zur Aufführung.
- **Hoffest Maximilian I.** (August, www.perpedes-tirol.at): Eine Zeitreise ins ausgehende Mittelalter und eine Hommage an den „letzten Ritter“: Der Platz vor dem Goldenen Dachl verwandelt sich zu einer Bühne voller historischer Kostüme, Musik und Tanz aus der Zeit um 1500 – Gaukler, Fackeltanz und Feuershow inklusive. Eintritt frei!

Trachtenveranstaltungen gehören in Tirol zum Brauchtum

Märchenhafte Adventsstimmung in der Altstadt

Herbst und Winter

- **Premierentage** (November, www.premierentage.at): Vernissagen, Performances und Künstlergespräche in verschiedenen Innsbrucker Galerien und Museen.
- **Christkindlmärkte** (Mitte November bis 6. Januar, www.christkindlmarkt.cc): In Österreich hat sich die Unsitte breitgemacht, Christkindlmärkte bereits weit vor dem 1. Advent beginnen zu lassen – leider auch in Innsbruck. Sobald Schnee liegt, verwandeln die unterschiedlichen Weihnachtsmärkte die Hauptstadt der Alpen aber in ein bezauberndes Winterwunderland. Neben Glühwein und Lebkuchen gibt es auch Perchtenläufe, Krampusläufe und anderes alpenländisches Brauchtum zu bewundern. Während die Krampusse die Adventszeit einläuten, vertreiben die Perchten die bösen Geister und den Winter. Man unterscheidet zwischen Schön- und Schiachperchten (hässlichen Perchten). Besonders Letzteren und den Krampussen sollten ängstliche Gemüter nicht zu nahe kommen. Der Fantasie sind bei diesen Schreckensmasken nämlich keine Grenzen gesetzt und teilweise werden Passanten auch „attackiert".
- **Vierschanzentournee:** Am 3./4. Januar stürzen sich die „Adler des Wintersports" wieder in den Tiroler Winterhimmel. Rund um das Spektakel wird in der ganzen Stadt einiges geboten (www.bergiselspringen.at).
- **AirStyle** (Februar, www.air-style.com): Größtes Freestyle-Snowboardfestival Europas, das seit über zwei Jahrzehnten jährlich in Innsbruck ausgetragen wird – für Partystimmung ist gesorgt!
- **Fastnachtsbräuche:** In der Faschingszeit geht es in Innsbruck und insbesondere in den umliegenden Dörfern rund: Bis zum Faschingsdienstag sind prachtvoll geschmückte Gesellen wie Wampeler, Muller und Maschgerer unterwegs und halten das uralte Brauchtum am Leben.

017in Abb.: se

Zur richtigen Zeit am richtigen Ort

EXTRATIPP

Innsbrucker Bergweihnacht

Christkindlmärkte haben in Deutschland oft etwas Stressiges und Unentspanntes an sich. In manchen Städten sind sie sogar zu Orten für Glühwein-Trinkorgien verkommen. Nicht so in Innsbruck: Für Weihnachtsmarktliebhaber mit einem Sinn für Romantik gibt es im Advent keine bessere Stadt.

Die gesamte **Altstadt** verwandelt sich in ein Winterwunderland, das von sympathischen Ständen dominiert wird, an denen Tiroler Handwerkskunst und traditionelle Schmankerl offeriert werden. Überall duftet es nach Kerzen, Mandeln und heißen Kastanien. Die Gassen sind geschmückt und beleuchtet, an den Fenstersimsen hängen große Märchenpuppen und für die Kleinen wird zauberhaftes Puppentheater aufgeführt.

Auch an der Maria-Theresien-Straße 20 und am Marktplatz/Innrain gibt es Christkindlmärkte mit Ständen für ideale Weihnachtsgeschenke. So kann man beispielsweise handgemachte Engelchen aus Treibholz aus dem Inn erwerben – jede Figur ist ein Unikat (www.treibholzwelt.at). Kleine, aber feine Christkindlmärkte findet man auch in Wilten und Sankt Nikolaus sowie auf der Hungerburg 34.

› www.christkindlmarkt.cc

Feiertage

In Österreich gibt es sehr viele Feiertage. Hierzu zählen besonders viele katholische, die sich größtenteils mit denen des Nachbarlandes Bayern überschneiden und teilweise auch mit den gesamtdeutschen Feiertagen. Neben dem österreichischen Nationalfeiertag am 26. Oktober ist Mariä Empfängnis am 8. Dezember eine Besonderheit.

- *1. Jänner (Januar): **Neujahr***
- *6. Jänner (Januar): **Dreikönigstag***
- ***Karfreitag** (beweglich, zwei Tage vor Ostersonntag)*
- *19. März: **Sankt Josef** (nur für Schulen und Behörden)*
- ***Ostersonntag und Ostermontag** (beweglich, Sonntag und Montag nach dem ersten Frühlingsvollmond)*
- *1. Mai: **Tag der Arbeit***
- ***Christi Himmelfahrt** (beweglich, stets donnerstags, 39 Tage nach Ostersonntag)*
- ***Pfingstsonntag und Pfingstmontag** (beweglich, immer 50 Tage nach Ostersonntag)*
- ***Fronleichnam** (beweglich, stets donnerstags, 60 Tage nach Ostersonntag)*
- *15. August: **Mariä Himmelfahrt***
- *26. Oktober: **Österreichischer Nationalfeiertag***
- *1. November: **Allerheiligen***
- *8. Dezember: **Mariä Empfängnis** (viele Geschäfte haben dennoch geöffnet)*
- *25. Dezember: **Weihnachten (Christtag)***
- *26. Dezember: **Weihnachten (Stephanitag)***

Am Puls der Stadt

001in Abb.: TVB/Tommy Bause

Das Antlitz Innsbrucks

Innsbruck bezeichnet sich selbst als „Hauptstadt der Alpen“ und dies nicht ganz zu Unrecht: Die Stadt ist geografisch die unumstrittene Alpenmetropole am Kreuzungspunkt wichtiger europäischer Handels- und Transitrouten zwischen Schweiz, Italien und Bayern.

Manch ein Besucher dürfte fast erschlagen werden von der alpinen Dominanz, die von Norden und Süden die Stadt beherrscht. Für die Bewohner von Tiroler Bergdörfern ist das Innsbrucker Becken dagegen im Vergleich zu ihren noch weit engeren Alpentälern eine ungewöhnlich flache Ebene. Wie dem auch sei: Die Berge sind untrennbar mit Innsbruck verbunden. Im Norden befindet sich die **Nordkette** als mächtige, scheinbar unüberwindbare Alpenmauer direkt vor den Toren der Stadt. Im Süden erhebt sich der **Patscherkofel** mit seiner charakteristischen Sendeantenne und dahinter wachsen die 3000er der **Zentralkette** in den Himmel – Zillertaler, Stubaier und Ötztaler Alpen.

◁ *Vorseite: Ein Skispringer stürzt sich in den Himmel über Innsbruck*

Zum Brenner und nach Südtirol ist es nur ein Katzensprung, im Westen zieht sich das Inntal flussaufwärts Richtung Vorarlberg und Schweiz, im Osten flussabwärts gen Bayern. Im Zentrum dieser Nord-Süd- und Ost-West-Achsen hat sich die Tiroler Hauptstadt breitgemacht – zumindest so breit, wie es die Berge zulassen. Auch wer die Stadt nur über die höher gelegene **Autobahn** – sie ist unüberhörbar und unübersehbar ebenfalls mit Innsbruck verbunden – im Vorbeifahren passiert, ist beeindruckt vom Anblick und der Ausdehnung. War Innsbruck noch vor ungefähr 100 Jahren eine beschauliche Kleinstadt mit unter 50.000 Einwohnern, so tummeln sich mittlerweile **121.000 Menschen** in der Alpengroßstadt zwischen Karwendel und Bergisel. Besonders in Richtung Osten hat sich die Stadt enorm ausgedehnt. Im Rahmen der Olympischen Spiele, die zweimal hier stattgefunden haben,

sind komplett **neue Stadtbezirke** und **Hochhaussiedlungen** entstanden.

Mittlerweile sind die mittelalterliche Stadt **Hall in Tirol** und Innsbruck fast zusammengewachsen. Im Norden schmiegen sich in West-Ost-Richtung die sogenannten **„MARTHA-Dörfer“** (Mühlau, Arzl, Rum, Thaur und Absam) gleich einer Perlenkette aneinander, wobei Mühlau und Arzl längst von Innsbruck eingemeindet wurden. In den Dörfern hat sich zum Teil noch traditionell-bäuerliches Tiroler Leben erhalten, wenngleich in den vergangenen Jahren immer mehr Häuser der Innsbrucker Oberschicht in der Idylle entstanden sind und so einen kontrastreichen architektonischen Stilmix bilden – protzige Toskanavillen stehen neben uralten Bauernhäusern.

Villen mit Tradition finden sich im Süden Innsbrucks am **Bergisel** mit seiner weithin sichtbaren **Skisprungschanze** 40. Davor befindet sich der uralte Stadtteil **Wilten** mit seinen beiden dominanten Kirchen: der Stiftskirche 36 und der Basilika 37.

Die **Innenstadt** mit der Altstadt umfasst heute nur noch einen kleinen Bereich der Fläche Innsbrucks. Sie ist durch den Inn im Nordwesten und den kleinen Fluss Sill im Osten relativ klar eingegrenzt. Im Süden wird die Innenstadt durch die Maximilianstraße, die Salurner Straße und den Hauptbahnhof im Südosten begrenzt. Die wichtigste Achse zwischen Wilten und der historischen Altstadt bezie-

EXTRAINFO

Die Stadt in Zahlen

- **Gegründet:** Besiedelungsspuren seit der Jungsteinzeit, urkundliche Verleihung des Marktrechts: 1187
- **Einwohner:** 121.329 (Stand: 2012)
- **Bevölkerungsdichte:** 1157 Einwohner pro km²
- **Fläche:** 104,91 km²
- **Höhe ü. M.:** 574 m
- **Stadtbezirke:** Innenstadt, Wilten, Pradl, Hötting, Mühlau, Amras, Arzl, Vill, Igls

Blick vom Patscherkofel 44 *auf Innsbruck und die Nordkette*

019in Abb.: se

hungsweise zwischen **Triumphpforte** 25 und **Goldenem Dachl** 5 bilden die **Maria-Theresien-Straße** 20 und die sich daran anschließende **Herzog-Friedrich-Straße** 3. Rund um das Goldene Dachl gruppieren sich auch bedeutende Sehenswürdigkeiten: **Stadtturm** 7, **Dom** 9 und **Hofburg** 10 mit **Hofkirche** 12. Auch zur grünen Lunge der Innenstadt, dem **Hofgarten** 13, ist es nur ein Katzensprung. Auf der gegenüberliegenden Uferseite des Inns präsentieren sich vor der Nordkette die hübschen Häuserfassaden des Stadtteils **Mariahilf** (s. S. 75). Den vermutlich besten Überblick über Innsbruck genießt man vom Bergisel aus.

Von den Anfängen bis zur Gegenwart

Schon in grauer Vorzeit waren die Anhöhen in und um Innsbruck besiedelt. Beim **Bergisel** handelte es sich womöglich um einen vorchristlichen Kult- und Opferplatz. Römer und Kelten hinterließen in **Wilten** ihre Spuren. **Germanen** drangen von Norden her in die Alpenregion ein. So waren es denn auch Grafen aus Bayern, die Innsbruck im frühen Mittelalter zum Markt erhoben. Unter den Habsburgern kam die Stadt im **Spätmittelalter** zur Blüte und wurde in der **Barockzeit** weiter aufpoliert. Immer wieder war Innsbruck auch **Schauplatz kriegerischer Auseinandersetzungen** – in den Tiroler Befreiungskriegen wehrte man sich gegen Napoleon und die Bayern, der Erste und Zweite Weltkrieg hinterließen Spuren. In der Nachkriegszeit wuchs die Stadt schnell an, die Olympischen Spiele, die zweimal hier stattfanden, ließen **neue Stadtteile** entstehen. In den vergangenen Jahren entstanden mit der Skisprungschanze, der Hungerburgbahn, dem Tivoli-Komplex und dem Tirol-Panorama moderne Aushängeschilder in der Tiroler Landeshauptstadt.

Ca. 1000 v. Chr.: Besiedelungsspuren lassen sich in den nördlich oberhalb des Inns gelegenen Stadtteilen Mühlau, Hötting und Arzl sowie am Adolf-Pichler-Platz nachweisen. Auch am Bergisel wurden prähistorische Funde gemacht: Womöglich befand sich dort ein Kult- und Brandopferplatz.

Ca. 15 v. Chr.: Die Römer errichten zur Sicherung ihrer Handelswege nach Norden die Militärsiedlung Veldidena, die sich auf dem Gelände von Stift Wilten befand.

Ab 600: Zerfall des römischen Reiches und Vordringen bajuwarisch-germanischer Einwanderer. Ab 788 gehört Innsbruck zum fränkischen Reich Karls des Großen.

878: Angebliche Gründung des Klosters Wilten durch den Riesen Haymon, bei dem es sich um einen bairischen Adeligen handeln könnte. In den darauf folgenden Jahren ist Innsbruck Teil des Herzogtums Baiern.

1133–1205: Innsbruck wird durch die Grafen von Andechs als Markt bestimmt. Unter Graf Berchtold V. wird 1187 eine Innbrücke gebaut. In den folgenden Jahren wächst und gedeiht der Markt durch Handel und Zolleinnahmen und Innsbruck wird zur Stadt erhoben.

1248–1286: Aussterben der bairischen Andechs-Linie und Beginn der Herrschaft der Grafen von Tirol.

1363: Tirols letzte Gräfin, Margarethe Maultasch, übergibt ihr Land an die Habsburger, wodurch Innsbruck österreichisch wird.

1420: Unter Herzog Friedrich IV., genannt Friedl mit der leeren Tasche, wird Innsbruck zur Residenzstadt.

KURZ & KNAPP

Innsbruck, ich muss dich lassen

„Innsbruck, ich muss dich lassen, ich fahr dahin mein Straßen, in fremde Land dahin. Mein Freud ist mir genommen, die ich nit weiß bekommen, wo ich im Elend bin", so lautet die erste Strophe des berühmten Volksliedes des Komponisten Heinrich Isaac (1450–1517). Der Text wird Kaiser Maximilian I. zugesprochen und gilt als Zeugnis für die besondere Zuneigung des Monarchen zu seiner Lieblingsresidenz.

1490–1519: Unter der Regentschaft Maximilians I. (als „letzter Ritter" in die Geschichtsbücher eingegangen) gelangt Innsbruck zu einer spätmittelalterlichen Blüte. Der Habsburger lässt seine Lieblingsresidenz aufpolieren. Berühmte Gebäude wie Stadtturm, Ottoburg, Goldenes Dachl und Hofburg entstehen.

1553–1563: Auf Veranlassung Ferdinands I. wird die Hofkirche erbaut, die als Grabdenkmal für Maximilian I. fungiert und 28 überlebensgroße Bronzefiguren (Schwarze Mander) sowie einen Kenotaph (Leergrab) beherbergt.

1629: Innsbruck wird die Ehre zuteil, das erste Opernhaus im deutschsprachigen Raum sein Eigen nennen zu dürfen.

1669: Unter Kaiser Leopold I. wird die Universität gegründet.

1717–1722: Die Stadtpfarrkirche Sankt Jakob wird im Stile des Rokoko unter Mitwirkung der Münchner Gebrüder Asam neu errichtet, seither ist das berühmte Maria-Hilf-Bild in den Hochaltar integriert.

1809: Am Bergisel kommt es im Rahmen der Tiroler Befreiungskriege zu vier Schlachten. Drei davon gewinnen die Tiroler, in der letzten Schlacht müssen sie sich der französisch-bayerischen Übermacht geschlagen geben.

1849: Innsbruck wird offizielle Landeshauptstadt von Tirol und löst damit Meran ab.

1858: Die Alpenmetropole ist über die Eisenbahn mit Kufstein, Rosenheim und München verbunden.

1918–1920: Nach dem verlorenen Ersten Weltkrieg wird Innsbruck durch italienische Truppen besetzt und Tirol geteilt.

1932: Höttinger Saalschlacht: Massenschlägerei zwischen Nationalsozialisten und Republikanischen Schutzbündlern sowie Kommunisten, bei der eine Person getötet und 38 weitere verletzt werden.

020in

Gnadenbild „Mariahilf" von Lucas Cranach d. Ä. im Dom zu Sankt Jakob 9

KURZ & KNAPP

Die Alpenkonvention

2003 wurde dieses internationale Abkommen geschlossen, an dem die EU und alle Alpenstaaten beteiligt sind. Ziel sind die nachhaltige Entwicklung des Alpenraums und der Schutz der ansässigen Bevölkerung in ökologischer, sozialer, wirtschaftlicher und kultureller Sicht. Das ständige Sekretariat befindet sich im Haus des Goldenen Dachls, womit Innsbruck einmal mehr seine Rolle als „Hauptstadt der Alpen" manifestiert hat.

› Infos unter: www.alpconv.org

1938: Während des Novemberpogroms werden jüdische Einrichtungen zerstört, die Synagoge wird verwüstet und vier jüdische Einwohner werden ermordet.

1943–1945: Durch alliierte Bombenangriffe wird Innsbruck Ende des Zweiten Weltkriegs stark in Mitleidenschaft gezogen.

1964/1976: Innsbruck ist zweimal Austragungsort der Olympischen Winterspiele. Mit dem Olympischen Dorf entsteht eine große Hochhaussiedlung im Osten der Stadt.

1988: Papst Johannes Paul II. feiert mit zehntausenden Gläubigen eine Freiluftmesse im Bergiselstadion.

2003: In Fachkreisen hoch gelobter Neubau der Skisprungschanze durch die britisch-irakische Architektin Zaha Hadid.

2007: Eröffnung der Hungerburgbahn – ebenfalls von Zaha Hadid entworfen – als architektonisches Gegenstück im Innsbrucker Norden.

2008: Das neu erbaute Tivoli-Fußballstadion ist Austragungsort der Fußball-EM.

2011: Mit dem Tirol Panorama entsteht ein großer Museumskomplex, der auch das Riesenrundgemälde und das Kaiserjägermuseum einschließt.

2012: In Innsbruck finden im Januar die 1. Olympischen Jugend-Winterspiele statt.

2014: Das 50-jährige Jubiläum der Olympischen Winterspiele 1964 wird in Innsbruck im Rahmen großer Feierlichkeiten begangen.

Leben in der Stadt

Touristisch ist Innsbruck neben Wien und Salzburg die bedeutendste Stadt Österreichs. Winters wie sommers tummeln sich Urlauber in Tirols Hauptstadt und das aus unterschiedlichsten Gründen: Die einen erkunden in der warmen Jahreszeit die Sehenswürdigkeiten von Stadt und Umland oder kraxeln auf die umliegenden Berge, die anderen bevölkern im Winter die Pisten der Skigebiete und machen nachts die Klubs und Kneipen der Innenstadt unsicher.

Dennoch ist im Vergleich zu Salzburg alles etwas entspannter und beschaulicher, es herrscht weniger Touristennepp und Besucher wie auch Einheimische tragen die Nase in der Regel etwas tiefer als in der Mozartstadt. **Der Innsbrucker** besticht durch seine Natürlichkeit, durch ein unarrogantes Auftreten und herzliche Gastfreundschaft.

Häufig kann es einem passieren, dass man von den Tirolern **geduzt** wird und man sollte dies auch nicht als Beleidigung, sondern als Kompliment auffassen. Das Duzen entspringt dem ländlich geprägten **Tiroler Zusammengehörigkeitsgefühl.** Wie den meisten Tirolern wurde auch vielen Innsbruckern eine ordentliche Portion **Lokalpatriotismus** in die Wiege gelegt, man pflegt Brauchtum und Traditionen und fühlt sich stets etwas mehr als Tiroler denn als Österreicher. Gleichzeitig ist Innsbruck

Tiroler und Bayern: Man schlägt sich, man verträgt sich …

Heute muss kein Bayer Angst haben, in Innsbruck und Umgebung ob seiner Abstammung schief angeschaut zu werden. Es sei denn, er macht sich über den Nationalheld Andreas Hofer oder das Tirol spezifische „chr" in der Aussprache lustig. Zu Hofers Zeiten war das freilich anders, da haben die mit den Franzosen verbündeten Bayern am Bergisel ordentlich eines auf die Mütze bekommen, aber auch selbst übel ausgeteilt.

Auch hundert Jahre zuvor hat man sich nicht geschont. Im sogenannten „Bayrischen Rummel" trieben die Tiroler die eingedrungenen Nachbarn wieder innabwärts, wovon noch heute die Annasäule 22 *zeugt. Diese Zwistigkeiten gehen bis in die „sagenhaft graue Vorzeit" zurück: Schließlich soll der Riese Haymon ein Bayer gewesen sein, während sein Gegner Thyrsus den einheimischen Alpenbewohner personifiziert. Doch aus dem Zweikampf* *(s. S. 82)* *entstand mit dem Stift Wilten* 36 *etwas Versöhnliches. Denn trotz aller Konflikte: Die beiden Nachbarvölker verbindet nicht nur der Inn, sondern sie verbinden auch traditionelle Handelsbeziehungen, althergebrachte Brauchtumspflege und ein reger kultureller Austausch. So stammt immerhin der Gründer des mittelalterlichen Innsbrucks, Graf Berchtold III., aus Andechs südlich von München, das Mariahilf-Bild im Dom* 9 *fand seinen Weg über das bayerische Passau innaufwärts nach Tirol und die Münchner Gebrüder Asam waren nicht unwesentlich an der prunkvollen Ausgestaltung des Doms beteiligt.*

Seit die Grenzen offen sind, funktioniert der Austausch noch reibungsloser: Die Bayern bevölkern die Tiroler Skigebiete, die Tiroler das Münchner Oktoberfest und damals wie heute heiratet so mancher Bayer eine Tirolerin und umgekehrt.

eine bunte und **multikulturelle Stadt:** Gastarbeiter aus dem Balkan und aus Anatolien haben längst ihre Wurzeln geschlagen, Italienisch hört man an allen Ecken und viele junge Leute kommen aus ganz Europa zum Studieren an den Inn. Auch ihnen ist es zu verdanken, dass Innsbruck eine quirlig-jugendliche Großstadt mit einem attraktiven Nachtleben geworden ist. Manche Kneipen und Klubs sind legendär.

In Innsbruck pflegt man seine Schätze und ist stolz auf seine mittelalterliche Hinterlassenschaft und auf die historischen Wurzeln aus den Zeiten der Römer und der Kelten. Gleichzeitig hat man sich aber längst für die **Moderne** geöffnet: Am Bergisel und an der Hungerburgbahn hat sich moderne Architektur von europäischem Rang etabliert, es gibt spannende Kunstausstellungen und ein facettenreiches Kultur- und Musikangebot.

Ganz nach dem Motto: „Eine Architektur des Zusammenlebens zu entwickeln (...) das Entstehen neuer Stadtteile zu gestalten, öffentlichen Raum für Gemeinschaft schaffen, unterschiedliche Altersstufen und soziale Schichten vernetzen." So formuliert es die derzeitige **Bürgermeisterin Christine Oppitz-Plörer,** die als relativ junges Stadtoberhaupt gut zur Studentenstadt Innsbruck passt und in gewisser Weise auch für den

Aufbruch verkrusteter Strukturen und frischen Wind in der Stadt steht. **Wirtschaftlich** ist Innsbruck der unumstrittene Motor im Westen Österreichs. Viele große Firmen haben sich im Großraum angesiedelt, die Messe Innsbruck ist als „Schaufenster der Wirtschaft" eines der modernsten Messezentren im Alpenraum.

Man geht mit der Zeit und versucht, auch den ökologischen Herausforderungen gerecht zu werden. Auf Schritt und Tritt findet man in der Innsbrucker Küche **regionale Produkte**, immer häufiger auch biologisch produziert. Auch wenn Sommer- und vor allem Wintertourismus den Tiroler Bergen immer noch zu schaffen machen, hat man sich mittlerweile von den Umweltsünden der Vergangenheit abgewendet und forciert eher einen **sanften Tourismus.**

Generell ist Innsbruck eine **sichere Stadt**, wenngleich man in der Vergangenheit in manchen Stadtvierteln auch seine Probleme hatte. Gerade durch seine Lage an der Schnittstelle wichtiger europäischer Verkehrswege sind auch organisierte Kriminalität und Drogenhandel keine Fremdwörter. Und das Gefälle zwischen Arm und Reich lässt sich auch in Innsbruck nicht verleugnen: Speziell in der Gegend um den Hauptbahnhof trifft man auf Bettler und Obdachlose.

Sportlich gesehen ist Innsbruck nicht nur ein Eldorado für Wanderer und Wintersportler, die Olympiastadt bietet im Tivoli-Stadion national und international bedeutende Fußballspiele, ist eine Eishockey-Hochburg und lockt jedes Jahr Zehntausende zur Vierschanzentournee an den Bergisel.

Kaltes, klares Wasser!

Mit dem Innsbrucker Leitungswasser kann man sich nicht nur die Zähne putzen. Im Gegenteil: Kaum irgendwo in Europa kommt so reines und erfrischendes Quellwasser aus der Leitung wie in Innsbruck, weshalb viele das kühle Nass auch als „kostenloses Mineralwasser" oder als „zu schade zum Duschen" bezeichnen. Das unbehandelte Nass fließt direkt aus den Bergen in die Wasserhähne und enthält jede Menge Kalzium, Magnesium und Hydrogenkarbonat. Im Sommer sprudelt das erfrischende und Durst stillende Wasser auch aus etlichen öffentlichen Brunnen, beispielsweise im Trinkbrunnen an der Annasäule 22 *in der Maria-Theresien-Straße.*

021in Abb.: se

022in Abb.: se

50 Jahre Olympiastadt Innsbruck

Am 25. Januar 2014 feierte man in Innsbruck ein denkwürdiges Jubiläum: 1964, also genau 50 Jahre zuvor, waren im Bergiselstadion die IX. Olympischen Winterspiele feierlich eröffnet worden.

Im Olympischen Dorf fand aus diesem Anlass ein großes Jubiläumsfest statt, bei dem auch etliche Sportlerinnen und Sportler von damals anwesend waren. Für mehrere Tage zelebrierte man an den Austragungsstätten der Wettbewerbe den Aufstieg Innsbrucks in die Olympia-Geschichte. Ein „Olympisches Feuerwerk“ präsentierte auch das Symphonieorchester des Innsbrucker Landestheaters: Walzer, Polkas und Arien der Strauß-Dynastie, Werke von Franz Lehár und Jacques Offenbach standen auf dem Programm.

Das Jahr 1964 stellte für Innsbruck eine Zäsur dar. Mit dem Olympischen Dorf entstand neben den Sportstätten ein **komplett neuer Stadtteil** im funktionalen Hochhausstil der Zeit.

Die Winterspiele selbst waren Winterspiele der Superlative: Schon der Besucherandrang von fast einer Million Sportbegeisterten aus der ganzen Welt brach alle bisherigen Rekorde. Unter die illustre Touristenschar gesellten sich der Schah von Persien, die holländische Königin Juliane und alles, was im Jetset der 1960er-Jahre Rang und Namen hatte.

Applaudiert und lautstark angefeuert wurde bei den alpinen Wettbewerben am **Patscherkofel** und in der **Axamer Lizum**, im **Eisstadion** und in der Eishalle, bei den Nordischen Bewerben in **Seefeld**, an der Skisprungschanze am **Bergisel** und an der Bob- und Rodelbahn in **Igls.**

1128 Sportler wurden von 1150 Funktionären betreut und von 1400 Journalisten auf Schritt und Tritt verfolgt. 34 Goldmedaillen galt es zu er-

⌃ *Die Hochhäuser des Olympischen Dorfs dominieren den östl. Stadtrand*

50 Jahre Olympiastadt Innsbruck

ringen. Ein absoluter Kracher war der Abfahrtslauf der Herren, den der Österreicher Egon Zimmermann für sich entscheiden konnte und der dadurch im Zieleinlauf für rot-weiß-rote Jubelstimmung sorgte. In halsbrecherischer Manier stürzte sich der Vorarlberger auf dem weißen Band den grünen Berg hinunter. 1964 herrschte nämlich ein nicht gerade olympiafreundlicher und extrem **schneearmer Winter,** was den Einsatz des österreichischen Bundesheeres erforderte, das 40.000 Kubikmeter Schnee herantransportierte und auf der Strecke verteilte.

Zur erfolgreichsten Sportlerin der Spiele avancierte die sowjetische Eisschnellläuferin Lidia Skoblikowa, die mit vier Goldmedaillen in ihre Heimat zurückkehren konnte. Zum vorerst letzten Mal trat eine gesamtdeutsche Mannschaft aus BRD- und DDR-Athleten an. Der Münchner Eiskunstläufer Manfred Schnelldorfer holte Gold. Leider fiel auf die fröhlichen Spiele auch ein dunkler Schatten: Bei Trainingsstürzen verunglückten der australische Abfahrer Ross Milne und der britische Rennrodler Kazmierz Skrzypecki tödlich.

Kritik an „zunehmender Kommerzialisierung" kam von IOC-Präsident Avery Brundage. Innsbrucks Winterspiele waren auch die ersten, die im großen Stile weltweit live im Fernsehen übertragen wurden. Kleines Detail am Rande: Für die Eröffnungsfeier 1964 kam das Olympische Feuer zum ersten Mal aus dem antiken Olympia.

Insgesamt gelang den Tirolern ein weltweit beachtetes Sportevent. Die gute Organisation und die Qualität der Wettkampfstätten bescherten der Alpenstadt 1976 – nur zwölf Jahre nach der Premiere – noch einmal Olympische Winterspiele, was das Image Innsbrucks als Olympiastadt endgültig zementierte. Bis heute werden die Sportstätten genutzt: So finden beispielsweise in Igls 2016 die Bob- und Skeleton-WM und 2017 die Rodel-WM statt.

071in Abb.: TVB/Franco Coccagna

Innsbruck entdecken

023in Abb.: se

Rund ums Goldene Dachl – die Altstadt

Innsbruck verfügt neben Hall zweifellos über eine der besterhaltenen mittelalterlichen Stadtkerne Tirols, wenn nicht sogar ganz Österreichs. In den engen Altstadtgassen kann man sich mit etwas Fantasie in die Zeit Kaiser Maximilians I. zurückversetzen. Bis heute wurde die Altstadt vom großen Kommerz der Neuzeit verschont. Hier dominieren kleine Geschäfte und urige Wirtshäuser. Wer genauer hinschaut, findet an jedem zweiten Haus ein liebenswertes historisches Detail, ein Wappen oder ein Wandgemälde. Die wichtigste Straße der Altstadt ist die Herzog-Friedrich-Straße 3*. Vom Goldenen Dachl* 5 *aus erreicht man über die kleine Pfarrgasse den Domplatz. Durch die von Touristen stark frequentierte Hofgasse ist es ebenfalls nur ein Katzensprung zur Hofburg* 10.

1 Innbrücke ★★ [C3]

Regensburg, Hamburg, Würzburg, Salzburg – Burgen sind beliebte Beinamen berühmter Städte. Selten fungiert dagegen eine Flussbrücke als Namensgeberin einer Stadt. In Innsbruck ist dies der Fall, was die Bedeutung des Bauwerks verdeutlicht und weshalb die Innbrücke hier auch als erste Sehenswürdigkeit Erwähnung finden soll. Auch wenn vielleicht die Brücke an sich kein Besichtigungs-Highlight ersten Grades darstellt, so lohnt zumindest der Blick auf **Ottoburg** 2 und Altstadt am rechten Innufer sowie die bunte **Häuserfassade von Mariahilf** (s. S. 75) und die Alpengipfel der Nordkette im Norden.

Schon zu Kelten- und Römerzeiten war die Gegend des heutigen Innsbrucks eine Schnittstelle bedeutender Handelswege. Ob in der Antike und im frühen Mittelalter schon eine Innbrücke existierte, ist ungewiss. Erstmals urkundlich erwähnt ist eine „Insprucke" im Jahre 1180. Das heutige Bauwerk mit dem monumentalen **Kreuz des Künstlers Rudi Wach** in der Flussmitte, das den nackten Jesus darstellt und lange Zeit in der Bevölkerung umstritten war, ist natürlich neueren Datums. Es gibt zudem mittlerweile etliche weitere Brücken und Stege, bis heute ziert die ursprüngliche Innbrücke jedoch das Innsbrucker **Stadtwappen.**

Apropos Inn: Der **Gebirgsfluss** führt bei Innsbruck schon eine ordentliche Menge Wasser mit sich und kann bei Hochwasser schnell auf ein Vielfaches seines Volumens anwachsen. Aus dem Schweizer Engadin stammend durchzieht der Fluss in west-östlicher Richtung das Tiroler Ober- und Unterland, ehe er in Bayern zum mächtigen Strom wird und bei Passau in die Donau mündet.

Es lohnt sich für Innsbrucker Neuankömmlinge auf jeden Fall, eine Stadtbesichtigung an der Innbrücke zu beginnen und hier zunächst einmal Stadt, Land und Fluss auf sich wirken zu lassen, ehe es zu den anderen Sehenswürdigkeiten der Altstadt geht.

◁ Vorseite: Blick vom Stadtturm 7 *auf das Helblinghaus* 6 *in der Altstadt*

▷ Die mittelalterliche Ottoburg von der Innbrücke aus gesehen

024in Abb.: se

2 Ottoburg ★ [C3]

Das wehrhafte Gebäude am Inn mit seinen wuchtigen Erkern ist eines der ältesten Gemäuer der Altstadt und vermittelt bis heute eine mittelalterliche Atmosphäre. Der ehemalige Wehrturm einer heute nicht mehr vorhandenen Burganlage ist als **spätgotischer Wohnturm** ab 1476 nachgewiesen und beherbergte zunächst adelige, später bürgerliche Bewohner. Er stand vermutlich auch längere Zeit leer, was eine Namensherkunft von Ödburg vermuten lässt. Dass Herzog Otto II. von Andechs hier logiert haben soll, ist umstritten und vermutlich einer Legendenbildung des 18. Jahrhunderts geschuldet.

Heute befindet sich in der Ottoburg ein gutbürgerliches Restaurant (s. S. 21). Davor steht das Denkmal **„Vater und Sohn"**, das an den Tiroler Freiheitskrieg 1809 erinnert.

› Herzog-Friedrich-Straße 1/
Ecke Herzog-Otto-Straße

3 Herzog-Friedrich-Straße ★★ [C3]

Sie ist die bedeutendste Achse der Innsbrucker Altstadt. Hier reihen sich etliche bedeutende Sehenswürdigkeiten gleich den Perlen an einer Kette aneinander. Die Straße beginnt am Inn mit der Ottoburg 2. Zur Rechten folgt nach wenigen Metern das **Hotel zum Goldenen Adler:** Es ist ein geschichtsträchtiger Gasthof, der bereits 1573 erstmals erwähnt wurde und dessen Fresken zum Teil aus dem 16. Jahrhundert stammen. Wer hier nächtigt, befindet sich in prominenter Gesellschaft: Auch Wolfgang Amadeus Mozart, Johann Wolfgang von Goethe und Andreas Hofer haben im Goldenen Adler logiert. Die Goethestube erinnert an den deutschen Dichterfürsten.

Am Platz vor dem **Goldenen Dachl** 5, dem unumstrittenen Herzen der Altstadt, macht die Straße am **Helblinghaus** 6 einen Knick. Links stehen das Alte Rathaus und der **Stadtturm** 7. Rechts an der Hausnummer 16 (Ecke Seilergasse) sollte man seinen Blick nach oben richten: Das **Katzunghaus**, in dem sich das traditionsreiche Café Katzung (s. S. 23) befindet, ist berühmt für seine Erkerreliefs. Sie zeigen im ersten und zweiten Stock ritterliche Turnierszenen, im dritten Stock sind Spielleute und Tänzer dargestellt – hier sind Besitzer eines Fernglases klar im Vorteil.

Das **Trautsonhaus** in der Herzog-Friedrich-Straße 22 wurde in der für Innsbruck so prägenden Übergangsphase von der Gotik zur Renaissance errichtet und es wird von einem sehenswerten Laubengang mit kunstfertiger Musterung durchzogen. Die **Laubengänge** der Altstadt entstammen dem für Teile Österreichs und Bayerns typischen Inn-Salzach-Stil und gereichen den Bewohnern und Besuchern Innsbrucks bis heute zum Vorteil: Im Sommer ist es in den Altstadt-Tunneln angenehm kühl und bei Regen wird man nicht nass.

Beachtenswert sind auch die historischen, kunstvoll gearbeiteten **schmiedeeisernen Schilder** wie „Zum weißen Kreuz", „Zur goldenen Rose" oder „Zum Lindwurm". Selbst moderne Einrichtungen wie ein amerikanisches Burger-Lokal passen sich diesem Schilderstil an. Apropos Burger-Lokal: Im dortigen Laubengang findet man ein eindrucksvolles Fresko aus der Zeit um 1500: einen sogenannten **Quaternionenadler.** Diese Form des Reichsadlers symbolisiert das Heilige Römische Reich Deutscher Nation, der Gekreuzigte im Zentrum dessen christliche Prägung. In den folgenden Kapiteln werden einzelne Sehenswürdigkeiten Innsbrucks bedeutendster Straße genauer beschrieben.

4 Stadtmuseum ★ [C3]

Das Stadtmuseum, kombiniert mit dem Stadtarchiv, ist die ideale Anlaufstelle für alle, die sich noch etwas intensiver mit der **Geschichte Innsbrucks** beschäftigen möchten. Im Rahmen einer Dauerausstellung werden wichtige Aspekte der Stadtgeschichte vorgestellt: die Lage am Inn umgeben von den Alpen, die Stadtgründung und die Entwicklung zur landesfürstlichen Residenz. Außerdem erhält der Besucher Informationen zu Stadtentwicklung, Verkehr, Gesundheit, Kultur, Sport, Tourismus, Handel, Gewerbe, Trinkwasserversorgung und etlichen weiteren Themenfeldern. Eine Präsentation schildert die Ereignisse um die Zeit des Zweiten Weltkriegs und deren Konsequenzen. Vertiefende Informationen zu einzelnen Schwerpunkten kann man im Lesesaal des **Stadtarchivs** erlangen.

Wenn man genügend Zeit und Muße mitbringt, wird man im Stadtmuseum zum echten Innsbruck-Experten. Der Besuch lohnt sich besonders für alle, denen in der Stadt am Inn etwas mehr Zeit zur Verfügung steht und die sich hier einen ersten Überblick verschaffen können.

Nicht nur vermeintlich trockene Geschichte wird geboten, das Museum geizt auch nicht mit **optischen Reizen:** Gemälde wichtiger Tiroler Künstler, Stadtansichten, Panoramabilder, historische Fotografien, mittelalterliche Urkunden, Plakate und Postkarten geben Einblick in das Leben in der Stadt und ihrer Bewohner und lassen ein wenig in die Innsbrucker Seele blicken. Es gibt auch einen kleinen Museumsshop mit Hintergrund vermittelnden Büchern und Souvenirs.

› Badgasse 2 (barrierefreier Zugang über Herzog-Friedrich-Straße 3), Tel. 53601400, geöffnet: Mo.–Fr. 9–17 Uhr, Eintritt: 3 € (2 € ermäßigt, 6 € Familienkarte)

5 Goldenes Dachl und Goldenes Dachl Museum ★★★ [C3]

Das Goldene Dachl ist zweifellos Innsbrucks berühmteste und meist fotografierte Sehenswürdigkeit. Ob sie Innsbrucks bedeutendste Sehenswürdigkeit ist, darüber ließe sich streiten. Auf jeden Fall bildet das Goldene Dachl quasi den glänzenden Abschluss der bedeutenden Innenstadt-Achse aus Maria-Theresien-Straße und Herzog-Friedrich-Straße im „guten Stübchen" der Altstadt.

Mit dem Gebäude und dem 1500 vollendeten und mit 2657 feuervergoldeten Kupferschindeln bedeckten **Prunkerker** hat sich Kaiser Maximilian I. – neben seinem Kenotaph in der Hofkirche – in Innsbruck ein Denkmal gesetzt. Unter dem Dachl erkennt man ein elegantes spätgotisches Netzrippengewölbe. Wer dem Innsbrucker Luxusbalkon ganz nahe kommen möchte, sollte das **Goldene Dachl Museum** besuchen. Durch ein Fenster kann man einen Blick auf das Kunstwerk erhaschen und genießt zugleich annähernd die Aussicht des berühmten Monarchen, der von hier oben aus Ritterturniere und andere Festivitäten verfolgte. Es war die große Zeit der Hofnarren: Die Fresken zeigen dementsprechend Szenen von einem höfischen Fasnachtfest.

Im Schauraum des Museums befinden sich einige spannende Exponate aus dem Leben Maximilians, unter ihnen ein Relief des Herrschers mit seinen beiden Gemahlinnen. Bevor man sich den Ausstellungsstücken widmet, sollte man den unterhaltsamen, circa 15-minütigen Film über Maximilian und seine Zeit ansehen. Für Kinder gibt es im Museum eine Spielecke.

› Herzog-Friedrich-Straße 15, Tel. 53601441, geöffnet: Mai–Sept. Mo.–So. 10–17 Uhr, Okt.–Apr. Di.–So. 10–17 Uhr, Eintritt: 4 € (2 € ermäßigt)

025ino Abb.: se

Der berühmteste Balkon der Alpen: das Goldene Dachl

Schaurige Szenen vor dem Dachl

Jakob Hutter, um 1500 im heutigen Südtirol geboren, war ein Führer und Organisator des Tiroler Täufertums. Er gilt als Namensgeber der Hutterer. Er entging der Gefangennahme durch die Obrigkeit zunächst, da verhaftete Täufer trotz grausamer Verhörmethoden nie seinen Aufenthaltsort verrieten. Bereits 1527 hatte Erzherzog Ferdinand I. verkündet, dass man derartige „verführerische Lehren und ketzerische Sekten" keineswegs dulden werde. Am 30. November 1535 wurde er dann doch in Tirol festgenommen und kurz danach nach Innsbruck verlegt. Man versuchte, ihn unter Folter zum Widerruf zu bewegen, aber er blieb standhaft. Hutter wurde schließlich zum Feuertod verurteilt und am 25. Februar 1536 in Innsbruck vor dem Goldenen Dachl auf dem Scheiterhaufen verbrannt. Seine Frau konnte zunächst flüchten, wurde jedoch gefasst und 1538 auf der Burg Schöneck hingerichtet. Laut der Hutterischen Chronik wurden allein in Tirol insgesamt 360 Täufer hingerichtet.

In Innsbruck erinnern der Hutterweg und eine Gedenktafel beim Goldenen Dachl an Jakob Hutter. In den Jahren 2006 bis 2007 bildete sich in Innsbruck ein Arbeitskreis, der sich um Zeichen der Versöhnung mit den Hutterern bemühte.

6 Helblinghaus ★ [C3]

Durch seine Nähe zum sich schräg gegenüber befindenden Goldenen Dachl steht das Helblinghaus fast ein bisschen im Schatten des Innsbrucker Wahrzeichens, was die touristische Aufmerksamkeit und die damit verbundene fotografische Massenknipserei angeht. Dabei nennt das helle Bürgerhaus eine der **prächtigsten Barockfassaden Mitteleuropas** sein Eigen. Ursprünglich stammt das Haus aus dem Spätmittelalter. Johann Fischer, von Beruf Kassierer an der Haller Münzstätte, erwarb es 1725, ließ für sein Vorzeigeobjekt auch etliche Münzen springen und beauftragte den ursprünglich aus Bayern stammenden Stuckateur Anton Gnigl mit der Fassadenverzierung – verspielte Ornamente, Girlanden und Putten umspielen seither die Erker. Den heutigen Namen verdankt das Haus einem gewissen Sebastian Helbling, in dessen Besitz es sich Anfang des 19. Jahrhunderts befand. Die Wohnungen sind heute in Privatbesitz. Unter dem Helblinghaus endet einer der Laubengänge der Altstadt.

7 Stadtturm ★★ [C3]

Ein bisschen Bewegung tut gut, deshalb nichts wie hinauf auf den Stadtturm, von dessen Aussichtsplattform man einen herrlichen Ausblick genießt. Der Turm ist gleichzeitig Zeichen für 500 Jahre Innsbrucker Bürgerstolz.

Sein markantes Aussehen macht den Stadtturm direkt neben dem Goldenen Dachl zu einem unverwechselbaren Wahrzeichen. Die seltsame Form resultiert daraus, dass hier **zwei Architekturstile** aus zwei Epochen einfach zu einem Bauwerk zusammengesetzt wurden: Mittelalter im unteren gotischen Teil (1450) und ein geschwungener Renaissance-

Zwiebel-Aufsatz oben drüber (1560). Unterhalb der Turmspitze befindet sich eine **Aussichtsplattform**, die man durch das **Alte Rathaus** erreicht. Der Aufstieg lohnt sich, speziell für jene, die sich einen Überblick über Innsbruck und Umgebung verschaffen wollen. Der Blick gleitet über die Dächer der Altstadt, über Dom und Nordkette, in Richtung Bergisel und Stubaier Alpen sowie weit ins Inntal hinein. Von hier oben ist man auch den fischartigen (angeblich delfinartigen) **Wasserspeiern** aus dem Jahr 1586 ganz nahe, von denen einer mit seinem offenen Maul direkt auf den Platz vor dem Goldenen Dachl und die dortigen Touristen zu zielen scheint. Wenn man die 148 Stufen wieder hinuntersteigt, begegnet man in einer zum ehemaligen Rathaus gehörigen Halle der 2,20 Meter großen und circa eine Tonne schweren Sandsteinstatue des **Riesen Haidl**, der Ende des 15. Jahrhunderts als sogenannter Leibriese für Erzherzog Sigmund diente. Er ist übrigens beileibe nicht die einzige Riesenfigur Innsbrucks: Man denke nur an Haymon und Thyrsus und die Gründungssage (s. S. 82) von Stift Wilten 36. Eine Tafel informiert den Besucher darüber, dass die letzte Turmwächterin, Maria Winterle, trotz der Luftangriffe 1944/45 „treu ihren Posten hielt". Wieder außen angekommen, sollte man einen Blick auf die kunstvoll gestalteten Turmuhren aus dem Jahre 1603 werfen.

› Herzog-Friedrich-Straße 21, Tel. 587113, Turmbesteigung: 3 €, geöffnet: Juni–Sept. 10–20 Uhr, Okt.–Mai 10–17 Uhr

026in Abb.: TVB

Den markanten Innsbrucker Stadtturm kann man besteigen

8 Rund um den Mundingplatz ★★ [C3]

In diese Altstadtecke verirren sich weniger Touristen, obwohl sie wirklich zu den **bezaubernden Flecken der Stadt** gehört. Rund um den Mundingplatz gibt es romantische Gassen mit liebenswerten Geschäften. Das Areal ist nicht groß: Die wichtigsten Gässchen sind die **Schlosser-, die Seiler- und die Kiebachgasse.** An der Kreuzung Kiebachgasse/Seilergasse liegt das sogenannte **Vier Viecher Eck** – deutlich erkennbar an den historischen Wirtshausschildern „Roter Adler", „Goldener Löwe", „Goldener Hirsch" und „Weißes Rössl".

Der Mundingplatz selbst ist nach dem alteingesessenen Café Munding (s. S. 24) benannt – über dem Gebäude prangt das **Wandgemälde** des riesenhaften heiligen Christophorus, der das Jesuskind trägt. An einem kleinen Trinkbrunnen, dem **Samer-**

KLEINE PAUSE

Innsbrucker Strudel-Universum

Ein Traum für alle Strudel-Liebhaber ist das kleine Strudel-Café Kröll in der Hofgasse. Hier kann man sich tagelang durch unterschiedliche Strudelvariationen probieren: vom klassischen Apfelstrudel über Erdbeer-Rhabarber-Strudel, Topfen-Mango-Pfirsich-Strudel bis hin zum „Frau Hitt"-Strudel mit Marille-Haselnussfüllung und Honig. Auch salzige Varianten stehen auf der Speisekarte, beispielsweise Strudel mit Spinat und Feta oder mit Pilzen.

100 [C3] **Strudel-Café Kröll,** Hofgasse 6, Tel. 574347, www.strudel-cafe.at, geöffnet: tägl. 6–21 Uhr

brünnl, kann man sich erfrischen und seinen Durst stillen. Durch den **Kolbenturm** aus dem 13. Jahrhundert, der im Durchgang eine hübsche Marienskulptur beherbergt, gelangt man wieder zur Altstadt-Hauptachse, der Herzog-Friedrich-Straße.

9 Dom zu Sankt Jakob ★★★ [C3]

Barocke Kirchenkunst gibt es in Tirol relativ häufig zu bewundern. Im Innsbrucker Dom zeigt sie sich in ihrer ganzen Pracht – mit tatkräftiger Unterstützung bayerischer Rokoko-Künstler. Trotz der Fülle an Kunstwerken zieht das Mariahilf-Bild von Lukas Cranach alle Blicke in Richtung Hochaltar.

Erstmals erwähnt wurde der Dom, damals noch als Pfarrkirche, 1270 in einem Ablassbrief. An dem etwas erhöhten Platz zwischen Goldenem Dachl und Hofgarten – übrigens im oft hektischen Getümmel der Innsbrucker Altstadt ein ruhiges Plätzchen – dürfte aber bereits seit der Marktgründung ab etwa 1180 eine Kirche existiert haben.

Das zwischenzeitlich hochgotische Gotteshaus wurde bei einem Erdbeben stark beschädigt, weshalb man sich für einen kompletten Neubau entschied, der zwischen 1717 bis 1724 stattfand. Die Deckengemälde und Stuckaturen stammen von zwei Wunderknaben des Münchner Rokoko: den **Gebrüdern Asam.** Der Gemäldezyklus zeigt Szenen aus dem Leben des heiligen Jakobus, des Schutzpatrons der Pilger und Reisenden.

Bereits vor dem Kirchenneubau genoss das **Gnadenbild Mariahilf** von Lucas Cranach dem Älteren (1537) als Wallfahrtsziel große Verehrung. Es fand als Geschenk an Leopold V. seinen Weg von Dresden über Passau bis nach Innsbruck. Die jugendlich-natürliche Maria mit dem zärtlich an die Wange gehaltenen Jesuskind rührt bis heute die Besucher des Doms. Kaum ein Marienbild wurde im alpenländischen Raum häufiger kopiert und vervielfältigt.

Etwas weniger Aufmerksamkeit erfährt das monumentale **Grabdenkmal** von Erzherzog Maximilian III. dem Deutschmeister. Der Ordensritter, der um 1600 maßgeblich das Geschick Österreichs lenkte, wird vom heiligen Georg beschützt dargestellt. Auch die vergoldete **Kanzel** zählt zu den Prunkstücken.

Täglich um 12.15 Uhr kann man vor dem Dom einer Innsbrucker Besonderheit beiwohnen: Dann erklingt das **Friedensglockenspiel,** bestehend aus 48 Glocken. Es hat einen Tonumfang von vier Oktaven.

› Domplatz 6, www.dibk.at/st.jakob, Besichtigung des Doms: Mo.–Sa. 10.30–18.30 Uhr (Sommerzeit 19.30 Uhr), So. ab 12.30 Uhr

Kaiserliche Pracht rund um den Hofgarten

Dass Innsbruck nicht nur im Mittelalter von Bedeutung war, sondern sich über die Jahrhunderte hinweg als wichtige Habsburger-Residenz weit über die Grenzen Tirols hinaus einen Namen gemacht hat, erfährt man eindrucksvoll im Bereich des Rennwegs und der Universitätsstraße – dem Areal zwischen Hofburg, Hofgarten, Landestheater, Hofkirche und Jesuitenkirche.

10 Hofburg ★★★ [D3]

Die kaiserliche Hofburg gehört neben ihrem Pendant in Wien und dem dortigen Schloss Schönbrunn zu den bedeutendsten Zeugnissen der Habsburger Donaumonarchie. Für die beeindruckenden Kunstschätze sollte man sich schon ein paar Stunden Zeit nehmen.

Schnell wird dem Besucher klar, wessen Geist bis heute durch die Prunksäle der Hofburg weht: Das Erbe von **Kaiserin Maria Theresia** wird hier bewahrt – eine der bedeutendsten Herrscherinnen des europäischen Abendlandes und langjährige Hausherrin der Hofburg. Porträts ihrer Familie prägen besonders den **Riesensaal**, das Prachtstück der Hofburg. Der Name Riesensaal stammt noch aus den Zeiten Kaiser Maximilians I., der hier die Legende des Herkules darstellen ließ. Maria Theresia ließ den Saal komplett umgestalten und widmete ihn ihrer großen Familie. Neben ihrem Gatten, Kaiser Franz Stephan, stehen die erwachsenen Kinder, allen voran der Thronfolger Joseph II., im Mittelpunkt. Einen besonderen Platz fanden aber auch drei verstorbene Kleinkinder, die engelsgleich auf einer Wolkenlandschaft schwebend dargestellt sind. Bis heute stellt das vierte Kindergesicht, das in himmlischen Sphären nur noch verschwommen zu erkennen ist, Kunsthistoriker vor ein Rätsel.

Farbenprächtiges Deckengemälde im Riesensaal der Hofburg

Hier im Riesensaal sollte man unbedingt seinen Blick auch auf die Decke beziehungsweise auf die Bodenspiegel richten: Die **farbintensiven Fresken** des Hofmalers Anton Maulpertsch wurden sorgfältig instand gesetzt und strahlen wieder wie in Zeiten des Rokoko. Das Hauptfresko stellt die feierliche Vereinigung des Hauses Lothringen mit dem Hause Habsburg dar, die Nebenfresken nehmen Bezug auf die Bewohner und die Schätze Tirols. Auf einem davon erkennt man den Inn, dargestellt als bärtiger älterer Mann, sowie seinen Zufluss, die Sill, in erotischer Manier als junges Mädchen dargestellt. Noch heute spiegelt der Saal die Lebensfreude seiner illustren adeligen Besucher.

Diese Freude wurde jedoch im Jahre 1765 jäh unterbrochen: Kurz nach den Hochzeitsfeierlichkeiten ihres Sohnes Leopold verstarb Maria Theresias geliebter Mann Franz Stephan, vermutlich an einem Herzinfarkt. „Geliebter Mann" muss in diesem Fall besonders betont werden, da es sich tatsächlich um eine der wenigen Liebesheiraten der Habsburger Monarchie gehandelt hat. Ihre Trauer drückte die Witwe in der Umgestaltung des Sterbezimmers zu einer **Kapelle** aus, die ein weiteres Glanzstück in der Hofburg darstellt. Der Raum ist reich mit Marmor und Alabaster ausgestattet und wird im Altarbereich von einer ausdrucksstarken Pieta dominiert, die von zwei trauernden Frauenfiguren flankiert wird.

Neben Riesensaal und Kapelle verdienen auch der **Gardesaal** und die **Lothringer-Zimmer** besondere Aufmerksamkeit, ebenso das in späteren Jahren für Kaiserin Elisabeth (Sisi) luxuriös ausgestattete **Innere Appartement**. Zur Hofburg gehörte im ausgehenden Mittelalter auch ein eindrucksvoller **Wappenturm** Kaiser Maximilians I. Der Turm wurde auf einem Gemälde aus dem 18. Jahrhundert verewigt, das in einem kleinen Raum der Hofburg – mit Fensterblick auf Hofgasse und Goldenes Dachl – ausgestellt ist.

Während im zweiten Geschoss der Hofburg der Habsburger Glanz zu sehen ist, ist im ersten Stock – zumindest bis Oktober 2014 – das ebenfalls sehenswerte **Alpenverein-Museum** (s. S. 30) untergebracht. Der zukünftige Standort des Alpenverein-Museums stand bei Redaktionsschluss noch nicht fest. Es wird aber weiterhin in Innsbruck beheimatet sein.

› Hofburg: Rennweg 1, Eingang Hofgasse, Tel. 58718619, www.hofburg-innsbruck.at, Eintritt: 8 €, 6 € (ermäßigt), Kinder bis 9 Jahre frei, geöffnet: Mo.–So. 9–17 Uhr (März–Aug. 9–19 Uhr)

11 Tiroler Volkskunstmuseum ★★ [D3]

Dieses Museum ist ein wahres Schatzkästchen voller spannender Exponate, obwohl es etwas im Schatten der im selben Gebäudekomplex befindlichen Hofkirche steht. Glaube und Aberglaube der Tiroler Landbevölkerung, Trachten, Krippen und Bauernstuben stehen in der Ausstellung im Mittelpunkt.

Begrüßt wird man am Eingang von einer echten Schreckgestalt: Die monumentale **Holzfigur des Luzifer** ist nichts für schwache Nerven. Doch bei genauerem Hinsehen verliert die

Bunte Tiroler Fasnachtskostüme im Volkskunstmuseum

aufwendig gestaltete Teufelsgestalt schnell ihren Schrecken und erinnert eher an den im Alpenraum üblichen Perchtenkult.

Keine Angst: Man betritt hier kein Gruselkabinett. Schnell dominieren im Ausstellungsbereich **„Das pralle Jahr“** christliche Kultgegenstände. Man wird durch das bäuerliche Jahr mit all seinen Feiertagen und dem dazugehörigen alpenländischen Brauchtum geführt, lernt bekannte und eher unbekannte Heilige kennen – wie etwa die **„Heilige Kümmernis“**, eine im Alpenraum verehrte Frauengestalt mit Bart – und begegnet prächtig geschmückten Saltnern (Südtiroler Weinbergwächtern) und Fastnachtsgestalten.

Etwas unheimlicher wird es im Ausstellungsbereich **„Prekäres Leben“**, das von der Geburt bis zum Tod die Gefahren und Ängste der bäuerlichen Gesellschaft schildert. Christlicher Glaube und überlieferte Rituale des alpenländischen Volks- und Aberglaubens überschneiden sich teilweise: Zu den Exponaten zählen magisch anmutende Gegenstände mit christlicher Symbolik und aufwendig gestaltete Talismane für Fruchtbarkeit und zur Abwehr böser Geister.

Abgerundet wird der Streifzug in die Geschichte der Volkskunst durch Kunsthandwerk, eine **Trachten-Ausstellung** und den Einblick in historische **Tiroler Stuben.** In der Regel wird das Volkskunstmuseum in Verbindung mit der Hofkirche 12 besichtigt (Kombiticket). Eine Multimediaschau bildet thematisch die Überleitung zu selbiger.

› Universitätsstraße 2, Tel. 59489510, www.tiroler-landesmuseen.at, Eintritt: 10 € (6 € ermäßigt) als Kombiticket mit Hofkirche 12, Zeughaus 18, Ferdinandeum 27 und Tirol Panorama 39, geöffnet Mo.–So. 9–17 Uhr

12 Hofkirche (Schwarzmander-Kirche) und Silberne Kapelle ★★★ [D3]

Kirche und Museum, Totenkult und Theaterkulisse, Vergänglichkeit und unvergängliche Kunst: Die Hofkirche ist einzigartig. Sie beherbergt einen Sarkophag, der leer ist und dennoch Tag und Nacht von schwarzen Riesengestalten bewacht wird. Ein Stockwerk höher ist die Silberkapelle ebenfalls ein Kunstwerk ersten Ranges.

Dem „letzten Ritter" des ausgehenden Mittelalters hat Innsbruck dieses im Alpenraum einmalige Gesamtkunstwerk zu verdanken: Maximilian I., Erzherzog von Österreich und Kaiser des Heiligen Römischen Reiches am Übergang vom Mittelalter zur Renaissance, hatte Innsbruck zu seiner Wahlheimat erkoren und hinterließ nach seinem Tod nicht nur einen Berg von Schulden, sondern auch eines der bedeutendsten Grabdenkmäler überhaupt.

Gebaut wurde es zwar erst 1553 bis 1563 durch seinen Enkelsohn Ferdinand I., also etliche Jahre nach Maximilians Tod im Jahre 1519, und vollendet von seinem Urenkel Ferdinand II., Teile des Erinnerungsorts wurden aber bereits von Maximilian in Auftrag gegeben. Zu diesen Teilen gehörten vor allem die überlebensgroßen Bronzefiguren, die im Volksmund **Schwarzmander** (schwarze Männer) genannt werden, obwohl sich unter ihnen auch etliche Frauen befinden. Ursprünglich waren die gewaltigen Statuen für die Sankt-Georgs-Kapelle in der Burg der Wiener Neustadt geplant, wo sich das eigentliche Grab des Herrschers befindet. Doch die Herrschaften erwiesen sich für den Transport einfach als zu schwer, weshalb Ferdinand in Innsbruck die Hofkirche mit einem **Leergrab (Kenotaph)** des Großvaters errichten ließ. Der Kaiser selbst ist auf dem gewaltigen Marmorsarg als in Richtung Altar kniende Figur dargestellt – umspannt ist der Kenotaph

Dunkle Ritter und Adelige aus Bronze bewachen den Kenotaph Maximilians I. in der Hofkirche

029in Abb.: se

von einem kunstvoll gearbeiteten Schmiedegitter. Die schwarzen Gestalten, 28 an der Zahl, dienen quasi als Geleitschutz ins Reich des Todes und als heroische Vertreter des christlichen Abendlandes. Dargestellt sind Mitglieder der Familie und anderer europäischer Fürstenhäuser sowie legendäre Herrscher des frühen Mittelalters wie der britische König Artus, der Merowinger Chlodwig I., der heiliggesprochene Babenberger Leopold III. oder der Ostgotenkönig Theoderich.

Ferdinand II., der das Gesamtkunstwerk fertigstellte, schuf auch die wunderbare **Silberne Kapelle** im oberen Stockwerk als Grabkapelle für seine Gemahlin Philippine Welser (siehe Schloss Ambras 43). Benannt ist das reich mit Puttenköpfen (von denen allerdings nur noch einige erhalten sind) ausgeschmückte Kleinod nach dem Silberaltar mit der Madonna. Die Hofkirche beherbergt außerdem die sterblichen Überreste des Tiroler Freiheitskämpfers **Andreas Hofer** und einiger seiner Mitstreiter sowie die berühmte **Ebert-Orgel**, ihres Zeichens die größte, fast komplett erhaltene Renaissanceorgel Österreichs.

EXTRATIPP

Multimediamediale Geschichte

Im Rahmen der Neugestaltung des Volkskunstmuseums 11 wurde 2009 auch eine **Multimediaschau** ins Leben gerufen, die lebendige Einblicke in das Europa um 1500 bietet und das Leben Kaiser Maximilians I. Revue passieren lässt. Sie ist besonders für Kinder eine lebendige Abwechslung zu trockenen Museumsbesuchen. Man sollte die bunte Zeitreise vor Besuch der Hofkirche 12 in Anspruch nehmen.

› Universitätsstraße 2, Tel. 59489510, www.tiroler-landesmuseen.at, Eintritt: 5 € (4 € ermäßigt), Kombiticket mit Volkskunstmuseum 11, Zeughaus 18, Ferdinandeum 27 und Tirol Panorama 39 10 € (6 €), geöffnet: Mo.–Sa. 9–17 Uhr, So. und Fe. 12.30–17 Uhr

Die Königin der Instrumente

Als Königin der Instrumente wird die Orgel bezeichnet; Innsbruck bezeichnet sich selbst als Orgelstadt – schließlich befinden sich in der Tiroler Landeshauptstadt die meisten historischen Orgeln ganz Österreichs: unter ihnen die Ebert-Orgel aus dem Jahr 1558, die Renaissance-Orgel in der Silbernen Kapelle, die Pirchner-Orgel im Dom zu Sankt Jakob, die Herz-Orgel in der Stiftskirche Wilten oder die Reinisch-Orgel in der Wiltener Basilika.

Bei so vielen Königinnen wundert es nicht, dass alle drei Jahre der Paul-Hofhaimer-Wettbewerb stattfindet. Der europaweit ausgeschriebene Orgelwettbewerb vereint international bekannte Organisten in Innsbruck und findet wieder im Jahre 2016 statt.

Um einen Überblick über die zahlreichen Konzerte an den verschiedenen historischen Instrumenten zu ermöglichen, erscheint jedes Jahr eine umfangreiche Broschüre zu den Orgelkonzerten. Sie liegt in den beteiligten Kirchen aus und ist in der Touristinformation am Burggraben erhältlich (s. S. 111).

Kaiserliche Pracht rund um den Hofgarten

030in Abb.: se

13 Hofgarten ★★ [D2]

Ein Entspannungsareal für Gestresste, eine Stadtoase für Verliebte und Romantiker, eine Fundgrube für Botaniker – der Hofgarten gehört zweifellos zu den schönsten Parklandschaften Mitteleuropas. Ein bezaubernder Ort, um die Seele baumeln zu lassen, reizvoll zu allen Jahreszeiten und dazu noch kostenlos!

Seinen Ursprung hat der Hofgarten bereits im frühen Mittelalter. Damals verwandelte sich das Auwaldgebiet an der Hofburg in Nutz- und Ziergärten. Während der Renaissance und der Barockzeit veränderte sich das Antlitz des Gartens je nach vorherrschender Mode, bis schließlich der bayerische Gartenarchitekt Friedrich Ludwig von Sckell – seines Zeichens auch maßgeblich an der Gestaltung des Englischen Gartens in München beteiligt – 1810 die noch heute prägende Umgestaltung konzipierte. Der Park beherbergt bis heute Pflanzen, die noch auf die Zeit Maria Theresias zurückgehen: Die artenreiche Vielfalt alter **Baumriesen** macht den besonderen Charme der Anlage aus. Dennoch wechseln sich schattige und sonnige Areale harmonisch ab. Auch ein Teich und ein **Brunnen** mit Froschkönig-Motiv tragen zur reizvollen Abwechslung bei.

Jede Jahreszeit hat ihre eigene Magie: vom hellen Grün mit roten Tulpen im Frühling über sattes Grün und Rosenpracht hin zum bunten Blättermeer im Herbst. Auch im Winter hat die Anlage ihren ganz besonderen, leicht melancholischen Reiz.

Letzterer hat sich auch in der **Tierwelt** herumgesprochen: Eine Vielzahl an Vogelarten lässt sich beobachten – von den intelligenten Krähen bis hin zu schnatternden Wasservögeln. Im Zentrum des Gartens steht ein **Pavillon** aus dem Jahre 1733, der im Sommer für Musikveranstaltungen genutzt wird. Daneben gehen hauptsächlich Männer an den zwei großen Freiluft-Schachanlagen ihrem Hobby nach. Für die kleinen Besucher steht an der Südseite ein großer Spielplatz

Frühlingserwachen: Tulpenblüte im Hofgarten

KLEINE PAUSE

Kleine Erfrischung unter Kastanien

Mitten im Hofgarten gibt es ein Café mit Restaurant und Biergarten, das im Sommer tagsüber geöffnet ist und auch warme Gerichte anbietet: beispielsweise Ofenkartoffel mit Gemüse oder Tafelspitz. Nachts verwandelt sich das Areal zum noblen Studententreff.

101 [D2] **Hofgarten,** Rennweg 6a, Tel. 908280, www.der-hofgarten.at

zur Verfügung. Außerdem gibt es ein **Palmenhaus** mit circa 1700 Pflanzenarten, das im Rahmen von Sonderausstellungen geöffnet ist.

Nicht nur für Touristen ist der Hofgarten eine wohltuende Oase der Ruhe und der Entspannung, auch die Innsbrucker schätzen ihn sehr: vom frisch verliebten Studentenpärchen bis hin zum in die Jahre gekommenen Rentnerehepaar ist er über die Generationen hinweg bei der Bevölkerung eine lieb gewonnene Einrichtung.

› geöffnet: tägl. ab 6 Uhr. Die Schließungszeiten variieren von 17.30 Uhr im tiefsten Winter bis zu 22.30 Uhr im Hochsommer.

14 Tiroler Landestheater ★ [D3]

Ursprünglich entstand bereits unter Erzherzog Ferdinand Karl zwischen 1653 und 1655 am heutigen Platz ein Hoftheater, an dessen Stelle 1844 bis 1846 im klassizistischen Stil nach Plänen von **Giuseppe Segusini** das heutige Gebäude errichtet wurde. Ins Auge fallen die vier korinthischen Säulen im Eingangsbereich. Im Foyer findet man Bronzereliefs von Franz Pöschacker und Mosaikbilder von Richard Kurt Fischer. 1959 wurden die **Kammerspiele** im Souterrain des Stadtsaalgebäudes eröffnet. Von 1961 bis 1967 fand eine Erweiterung des Landestheaters statt.

Das Haus zählt heute österreichweit zu den führenden Kulturinstitutionen mit den Schwerpunkten Oper, Operette, Sprechtheater und Tanzaufführungen.

› Rennweg 2, Tel. 52074, www.landestheater.at, Theaterkasse: Tel. 520744, geöffnet: Mo.–Fr. von 8.30–19 Uhr, Sa. 8.30–18.30 Uhr und bei Abendvorstellungen an Sonn- und Feiertagen von 17.30–19 Uhr

15 Leopoldsbrunnen ★★ [D3]

Der Bau des sich am Rennweg unweit des Landestheaters befindlichen Brunnens wurde von Erzherzog Leopold V. ab 1622 in Angriff genommen, war allerdings bei dessen Tod im Jahr 1632 noch nicht vollendet. Erst 1893 erfolgte die endgültige Fertigstellung, wobei die originale Aufstellungsskizze verloren ging.

Bis dahin machten es sich die mythologischen Götterfiguren am Rennweg und im Hofgarten ohne plätscherndes Umfeld bequem, wobei speziell den Damen ihre Frei-

EXTRATIPP

Kutschfahrt durch Innsbruck

Nicht nur in Wien und Salzburg sind die **Fiaker** unterwegs. Auch durch die Innsbrucker Altstadt kann man sich wie zu Kaisers Zeiten kutschieren lassen. Die Pferdekutschen stehen am Rennweg vor dem Landestheater 14. Eine halbe Stunde kostet etwa 25 Euro, eine Stunde 50 Euro.

› Vorreservierung bei Fiaker Gritscher unter Tel. 0676 3343173

031in Abb.: se

zügigkeit fast zum Verhängnis geworden wäre: Eine **Moosgöttin** mit Kranich, die Meeresnymphe **Amphitrite** mit Vase und die Jagdgöttin **Diana** mit Hirsch passten in ihrer erotischen Halbnacktheit so gar nicht in das eher prüde Weltbild des Andreas Hofer und entgingen nur knapp dem Einschmelzungsprozess, indem man sie eine Zeit lang von den Augen der Passanten fernhielt und in der Hofburg 10 sowie auf Schloss Ambras 43 zwischenlagerte.

Neben der **Reiterstatue** des Erzherzogs präsentiert der Brunnen männlicherseits die Figuren des **Neptun** mit Dreizack, des **Triton,** auf einem Delfin sitzend und in eine Muschel blasend, sowie des Meeresgottes **Oceanus,** ebenfalls mit einem Delfin dargestellt.

16 Jesuitenkirche ★★ [D3]

Etwas außerhalb des Altstadtkerns, etwa 100 Meter hinter Hofkirche und Alter Universität gelegen, ist der mächtige Kirchenbau mit seinen zwei Türmen unübersehbar. Beinahe wäre die zwischen 1627 und 1633 erbaute und der Heiligsten Dreifaltigkeit geweihte Jesuiten- beziehungsweise Universitätskirche aufgrund schwerer Zerstörungen im Zweiten Weltkrieg aus dem Innsbrucker Stadtbild verschwunden. Eine Sprengung konnte in letzter Minute verhindert werden, ab 1946 begann der Wiederaufbau. Vor etwa 10 Jahren kam es zu einer gründlichen Innenrenovierung.

Betritt man das Kircheninnere, so wirkt es auf den ersten Blick etwas düster und eher unspektakulär. Doch die Jesuitenkirche hat es im wahrsten Sinne des Wortes in sich: Bedeutende Kostbarkeiten finden sich vor allem bei den Seitenaltären. Hohe Verehrung bei den Gläubigen genießt das **Herz-Jesu-Bild** vorne links. Es scheint mit dem Betrachter zu korrespondieren und entfaltet nicht zuletzt deshalb eine intensive Wirkung auf viele Besucher. Dem Herzen Jesu vertrauten sich die Tiroler im Krieg gegen Napoleon an, der Tiroler Landtag erneuert sein Gelöbnis vor dem Bild bis heute jedes Jahr am Herz-Jesu-Sonntag.

Im davor liegenden Seitenaltar birgt ein moderner Reliquienschrein die sterblichen Überreste des **heiligen Pirmin**, seines Zeichens Klostergründer und Missionar in der karolingischen Zeit sowie Innsbrucker Stadtpatron gegen die Pest. Hohe Verehrung genießt auch der Marienaltar auf der rechten Seite mit einer ausdrucksstarken Verkündigungsszene und der Statue „**Unserer Lieben Frau von Foia**", die einst ihren Weg aus Brabant (Belgien) nach Innsbruck fand.

Detail des Leopoldsbrunnens am Rennweg

Die Jesuitenkirche beherbergt bedeutende Kostbarkeiten

032in Abb.: TVB/Christoph Lackner

Natürlich dürfen auch bedeutende Jesuiten nicht fehlen: Dem Ordensgründer Ignatius von Loyola und dem Missionar Franz Xaver sind zwei gegenüberliegende Seitenaltäre im vorderen Bereich der Kirche gewidmet.

Betrachtenswert sind zudem die 46 Meter hohe **Kuppel**, der darunter liegende frühbarocke **Marmorboden** mit Stern im Zentrum, ein kunstvoll gearbeitetes Schmiedeeisengitter und ein **Kruzifix** aus dem 18. Jahrhundert im Eingangsbereich sowie die **Krypta** aus dem Jahre 1636. In ihr fanden bedeutende Habsburger ebenso ihre letzte Ruhestätte wie die jesuitischen Ordensmitglieder – unter ihnen der bedeutende Theologe Karl Rahner, welcher maßgeblich am Zweiten Vatikanischen Konzil beteiligt war.

› Karl-Rahner-Platz 2, www.jesuitenkirche-innsbruck.at, geöffnet: tägl. 7–20 Uhr (keine Besichtigung während der Gottesdienste)

17 Kapuzinerkloster ★★ [E2]

Das 1593 durch Erzherzog Ferdinand II. damals noch vor den Toren der Stadt gegründete Kloster wird selten von Touristen besucht, hat aber etliche bedeutende Kunstwerke vorzuweisen:

Das **Altarbild** der Klosterkirche zeigt die Anbetung der Heiligen Drei Könige, gemalt vom Kapuziner Cosmo Piazza im Jahre 1606. Links neben dem Eingang beherbergt die Marienkapelle einen besonderen Schatz: das Bildnis der **stillenden Madonna** (Madonna lactans) von Lucas Cranach dem Älteren, das hier bereits seit 1629 verehrt wird. In der Ostwand der Kapelle befindet sich die Grabnische des Kapuziner-Laienbruders Thomas von Olera.

› Kaiserjägerstraße 6, www.kapuziner.org/de/oprov/orte/innsbruck, Kirche von 6–18 Uhr geöffnet

⓲ Zeughaus (Museum zur Kulturgeschichte Tirols) ★ [G2]

Das aus dem 16. Jahrhundert stammende Gebäude wurde einst als **Waffendepot** Kaiser Maximilians I. errichtet, wobei der Begriff „Zeug" für Ausrüstung steht. Es beherbergte die kaiserliche Artillerie und anderes Kriegsgerät. Die heutige Nutzung ist friedlicher: Das Zeughaus dient als Museum für die Kultur- und Landesgeschichte Tirols. Inhaltlich konzentriert sich die **Schausammlung** auf politische Prozesse sowie auf die Wirtschafts- und Sozialentwicklung.

Der chronologische **Museumsrundgang** beginnt mit prähistorischen Funden und führt über Silberbergbau und Salzgewinnung bis zum Freiheitskampf 1809 und zur Tourismusentwicklung. Ein besonderes Exponat ist die erste Straßenwandkarte Europas, die „Carta Itineraria Europae". Neben der Schausammlung gibt es wechselnde Sonderausstellungen. Im Sommer dient der Innenhof als Open-Air-Kino.

› Zeughausgasse 1, Linie 1 und Sightseer (TS), Tel. 59489313, www.tiroler-landesmuseen.at, geöffnet: Di.–So. 9–17 Uhr, Eintritt: Kombiticket mit Volkskunstmuseum ⓫, Hofkirche ⓬, Ferdinandeum ㉗ und Tirol Panorama ㊴ 10 € (6 € ermäßigt)

⓳ Saggen ★ [di]

Der **Stadtteil Saggen** zählt offiziell zur Innenstadt, mit der belebten eigentlichen Innenstadt rechts und links der Maria-Theresien-Straße hat das Viertel allerdings wenig gemeinsam. Saggen bildet als **Sack an der Mündung der Sill** in den Inn – woher sich auch der Name ableitet – quasi die Verlängerung von Altstadt und Hofgarten nach Norden.

Die im Mittelalter noch unberührte Auenlandschaft diente um 1500 als adeliges Jagdgebiet und wurde bis ins 19. Jahrhundert vorwiegend landwirtschaftlich genutzt. Städtebaulich entstanden schließlich ab 1858 die Viaduktbögen der Unterinntalbahn und 1862 ein aus einem Armenhaus

033in Abb.: se

hervorgegangenes Kloster mit der Mutterhauskirche. Bevor die Innbrücke nach Mühlau eine Verbindung nach Norden schuf, war die Halbinsel ein vom Durchgangsverkehr und geschäftigem Trubel verschonter Bereich. Diese besondere geografische Lage prädestinierte Saggen im 19. Jahrhundert angesichts des Bevölkerungswachstums für einen Villendistrikt. Ein 1886 erstellter Bebauungsplan sah den heutigen **Villensaggen** für offene Bebauung mit Gärten und einem Straßennetz in Form einer Bischofsmütze vor. Dieser Bereich beginnt hinter dem Hofgarten und erstreckt sich rechts und links der Falkstraße. Noch heute befinden sich hier die Domizile der Innsbrucker Oberschicht.

Eine zweite Bebauungswelle setzte 1898 mit mehrgeschossigen Häuserzeilen mit Innenhöfen ein – dem sogenannten **Blocksaggen**, der sich links und rechts der Erzherzog-Eugen-Straße erstreckt. Auch diese Bauten wurden um 1900 für das Großbürgertum entworfen, besitzen jedoch mittlerweile eine gemischte Bevölkerungsstruktur und erinnern architektonisch an die Straßenzüge einiger Wiener Bezirke oder München-Schwabings. Nicht ohne Grund steht das gesamte Areal unter **Ensembleschutz:** Die Gründerzeit hat ihre architektonischen Spuren hinterlassen und diesen begegnet man bis heute auf Schritt und Tritt. Deshalb sollte man Saggen auch erlaufen, durch die Straßen zwischen Bienerstraße und Mühlauer Brücke flanieren und bei den fürstlichen Anwesen genauer hinschauen.

EXTRATIPP

Spaziergang zur Sillmündung

Ein Spaziergang abseits der Touristenrouten: Er beginnt am **Kaufhaus Sillpark** (s. S. 18) in der Nähe des Hauptbahnhofs und führt von dort über die Sillbrücke in den Rapoldipark. Danach geht man immer flussabwärts. Man passiert Parkanlagen und streift die Arbeiterbezirke Pradl und Reichenau. Am **Zusammenfluss von Sill und Inn** überquert man die Sill über die erst vor wenigen Jahren erbaute Tiflis-Brücke – benannt nach Innsbrucks georgischer Partnerstadt. Entweder man spaziert von hier aus wieder zurück zum Ausgangspunkt oder geht entlang des Innradwegs ein kleines Stück flussaufwärts und kommt durch eine Bahngleisunterführung in die Ing.-Etzel-Straße. Entlang dem Bahnviadukt mit etlichen Auto- und Motorradwerkstätten geht man bis zum Wohnheim Saggen, ehemals Greisenasyl genannt. Von dort spaziert man durch den **Blocksaggen** und den **Villensaggen** individuell wieder Richtung Innenstadt. Dieser Spaziergang sollte aber tagsüber unternommen werden, denn nachts wirkt das Areal an der Sillmündung verlassen, düster und unheimlich.

034in Abb.: se

Tipp für Entdecker: der Innsbrucker Stadtteil Saggen [di] – hier der Claudiaplatz

Zwischen Hauptbahnhof und Maria-Theresien-Straße

Hier ist insbesondere jener sich südlich der Altstadt anschließende Bereich der Innenstadt gemeint, der mit der Maria-Theresien-Straße und ihren Querverbindungen das moderne Zentrum der Tiroler Landeshauptstadt bildet. Neben moderner und teils gewagter Architektur finden sich aber auch in diesem Areal geschichtsträchtige Plätze und altehrwürdige Gebäude aus den letzten Jahrhunderten – unter ihnen das Ferdinandeum.

20 Maria-Theresien-Straße ★★ [C4]

Noble Geschäfte, reich verzierte Fassaden sowie der Blick aufs Goldene Dachl 5 und den majestätischen Bergzug der Nordkette dahinter verleihen der Maria-Theresien-Straße von jeher ein **prachtvolles Aussehen.** Im Zuge einer Neugestaltung nach Plänen der Architektengruppe „Alles wird gut" wurde 2009 aus dem nördlichen Teil der bisher verkehrsberuhigten Straße eine echte **Fußgängerzone.** Nach der Fertigstellung des südlichen Teils 2011 präsentiert sich die Maria-Theresien-Straße nun durchgängig in schlichter Eleganz. Dadurch erfährt die mittelalterliche Altstadt eine Erweiterung als Flanier-, Einkaufs- und Gastronomiebezirk, der für Einheimische und Gäste gleichermaßen attraktiv ist.

21 Spitalskirche ★★ [C4]

Direkt an der lebhaften Maria-Theresien-Straße gelegen, ist die kleine Spitalskirche ein willkommener Ort der Ruhe und Besinnung. Die Kirche strahlt Wärme und Geborgenheit aus und beherbergt ein zärtlich-liebevolles Bildnis der **„Maria vom guten Rat von Genazzano"** sowie ein ausdrucksstarkes Kruzifix (um 1500).

Im Mittelalter befand sich hier außerhalb der alten Stadtmauern das Stadtspital. Der heutige im Stil des Barocks errichtete Kirchenbau geht auf Johann Martin Gumpp zurück und wurde 1701 geweiht. Er ist mit kunstvollen Stuckaturen ausgestattet.

Wer gern in Kirchen ein wenig innere Einkehr und Abstand vom kommerziellen Trubel sucht, wird sich hier wohlfühlen.

› Maria-Theresien-Straße (neben Hausnummer 2), geöffnet: 8–19 Uhr

22 Annasäule ★★ [C4]

Früher außerhalb der mittelalterlichen Altstadt gelegen, ist die Annasäule in der Maria-Theresien-Straße heute ein markanter Mittelpunkt des belebten Stadtzentrums geworden. Ein bisschen erinnert sie an die Mariensäule auf dem Münchner Marienplatz und tatsächlich sind beide Säulen Schöpfungen des Barock. An der Errichtung der Annasäule waren sogar Bayern beteiligt, allerdings nicht gerade im positiven Sinne: Im Rahmen des Spanischen Erbfolgekriegs rückten die Truppen Max Emanuels gen Tirol vor, ein Kriegsgeschehen, das etwas verniedlichend unter dem Begriff **„Bayerischer Rummel"**

Die Annasäule im Zentrum der belebten Maria-Theresien-Straße

Einzug in die Geschichtsschreibung gefunden hat. Am 26. Juli, dem Feiertag der Marienmutter Anna, gelang es den Tirolern, die Bayern wieder aus dem Land zu jagen, was im Jahre 1706 zur feierlichen Segnung der vom Trentiner Bildhauer Christophoro Benedetti aus Kramsacher Marmor errichteten Säule führte.

Nach Norden blickt die heilige Anna, nach Osten der heilige Vigilius, Bischof von Trient, nach Westen der heilige Kassian, Gründer des Südtiroler Bistums Säben, und im Süden tötet der heilige Georg, ehemals Tiroler Landespatron, gerade den Drachen. Gekrönt wird das Bauwerk jedoch nicht von Anna selbst, sondern von ihrer Tochter, dargestellt als **Maria Immaculata** (Maria der unbefleckten Empfängnis). Bereits 1958 wurde das Original aus konservatorischen Gründen durch eine Kopie ersetzt und auch die Sockelfiguren wurden 2009 ausgetauscht. Die Original-Marienstatue befindet sich in der Stiftskirche Fiecht bei Schwaz, die anderen vier Originale im Alten Landhaus ㉓.

Jeden Samstagabend wird die Laterne vor der Namenspatronin der Säule entzündet. In der Nähe des beliebten Treffpunkts kann man an einem Trinkbrunnen seinen Durst stillen.

035in Abb.: se

㉓ Altes Landhaus (Tiroler Landtag) ★ [D5]

Das Alte Landhaus (Ständehaus) in der Maria-Theresien-Straße 43 ist ein repräsentativer Barockbau und wurde zwischen 1725 und 1728 vom Innsbrucker Baumeister Georg Anton Gumpp errichtet. Es ist **Sitz des Tiroler Landtages**, der alle fünf Jahre neu gewählt wird.

Man sollte einen Blick in den Innenhof werfen: Dort befindet sich die **Kapelle zum heiligen Georg**, des alten Landespatrons von Tirol. Seit 2009 stehen unter dem Titel „**Fassade der Hoffnung**" in den Nischen der Kapellenfassade vier Skulpturen des Ladinischen Bildhauers Lois Anfidalfarei. Dargestellt sind „Das Entsetzen über das Böse" als abgeschlagener Kopf mit angelegten Händen, „Die Segnung", „Das haltlose Böse" – als scheinbar in die Tiefe stürzender nackter Mensch dargestellt – und „Die Bekehrung" – als Mensch, der sich der Segnung zuwendet.

㉔ Servitenkirche ★★ [D5]

Gegründet wurde das Servitenkloster an der Maria-Theresien-Straße zwischen 1613 und 1616. Es handelte sich um eine Stiftung von Erzherzog Ferdinands II. zweiter Frau, **Anna Katharina von Gonzaga-Mantua**, die nach dem Tode ihres Gemahls dem Orden beigetreten ist. 1620 abgebrannt, wurde die Anlage neu errichtet und die Kirche 1626 geweiht. Es handelte sich um die erste, dem **heiligen Josef** geweihte Kirche nördlich der Alpen.

Gefördert vom Hause Habsburg, erfuhr das Kloster im 17. Jahrhundert eine Blütezeit und war Keimzelle vieler weiterer Klostergründungen des Servitenordens. Von den Nationalsozialisten aufgelöst und im Zweiten Weltkrieg stark zerstört, kam es in der Nachkriegszeit zu einem Wiederaufbau. Besonders sehenswert ist eine kleine, dem **heiligen Peregrin geweihte Kapelle**, dem der Servitenorden besondere Verehrung zukommen lässt. Der Legende nach sollte dem Heiligen ein Bein amputiert werden, die Operation konnte aber durch das Erscheinen eines Engels in letzter Sekunde abgewendet werden, der das Bein heilte. In der Kapelle ist in der Weihnachtszeit eine wertvolle **Krippe** aufgestellt.

› Maria-Theresien-Straße 42, Tel. 572528

25 Triumphpforte ★★ [D5]

Die Triumphpforte bildet den südlichen Abschluss der Maria-Theresien-Straße und zur seiner Erbauungszeit (1765) auch das südliche Ende Innsbrucks. Zu verdanken haben die Tiroler ihren Triumphbogen keiner blutigen Schlacht, sondern einer **Hochzeit**, nämlich der von Erzherzog Leopold und der spanischen Prinzessin Maria Ludovica. Dennoch mischte sich im selben Jahr auch Wehmut in das freudige Ereignis, denn nur wenige Tage nach der Innsbrucker Hochzeit am 5. August verstarb Leopolds Vater, Franz Stephan von Lothringen. Da beide Ereignisse in die Pforte eingearbeitet wurden, stellt sie quasi zwei Seiten einer Medaille dar: Glück und Unglück, **Freude und Trauer**, Leben und Tod.

Symbolträchtiges Monument der Kaiserzeit: die Triumphpforte

036in Abb.: se

Während die sonnenbestrahlte **Südseite Motive der Hochzeit** zeigt, verweist die schattige **Nordseite auf den Tod** des Kaisers. Besonders augenfällig ist dieser Kontrast in den Reliefs dargestellt. Aber auch die Aufsatzgruppen variieren: Im Norden links die Unsterblichkeit und rechts der trauernde Saturn als Vergänglichkeitssymbol mit Sense, in der Mitte der beiden ein Kaiserporträt. Zusammen mit seiner Frau Maria Theresia, also zu glücklichen Lebzeiten dargestellt, bekrönt der Kaiser als Amulett auch die Südseite, umrahmt von den Personifikationen von Genius und Vorsehung.

Wer die Pforte genauer in Augenschein nehmen will, sollte immer auch den Verkehr im Auge behalten, der leider durch und um das Denkmal braust.

Repräsentative Architektur und Denkmäler prägen den Landhausplatz

26 Eduard-Wallnöfer-Platz (Landhausplatz) ★★ [D5]

Während der Platz am Goldenen Dachl 5 in der Altstadt das Innsbrucker Mittelalter repräsentiert, steht der Eduard-Wallnöfer-Platz für das **moderne Innsbruck** der letzten hundert Jahre. Hier wirkt die Tiroler Hauptstadt tatsächlich sehr großstädtisch. Wenn man nicht wüsste, wo man sich gerade befindet und auch die Berge nicht sehen würde, könnte man sich gut und gerne in Madrid oder Berlin wähnen. Für die **Neugestaltung des Platzes im Jahr 2010** hat man viel Geld investiert und geschwungene Wellen, Stufen und Sitzgelegenheiten geschaffen.

Große repräsentative Bauwerke umrahmen das große Areal, das laut der Benutzungsregeln von der Stadt offiziell zum Verweilen, Spazierengehen und zur Sportausübung vorgesehen ist. Hauptsächlich ist der Landhausplatz aber ein **Ort der Er-**

innerung – in vielfacher Hinsicht und mit besonderem Bezug zum Nationalsozialismus.

Dominiert wird das Areal vom **Neuen Landhaus,** in dem sich verschiedene Verwaltungseinrichtungen befinden. Errichtet wurde der kolossale Klotz im Stil des von den Nationalsozialisten präferierten Neoklassizismus als Verwaltungszentrum für den neu eingerichteten Gau Tirol-Vorarlberg. Nicht weniger kolossal ist das gegenüberliegende **Befreiungsdenkmal,** das 1946 bis 1948 auf Initiative der französischen Militärregierung errichtet und den Widerstandskämpfern gegen den Nationalsozialismus gewidmet ist. Nicht weit entfernt davon erinnert eine **Menora,** ein siebenarmiger Leuchter, an die jüdischen Opfer der Reichspogromnacht am 9. November 1938 und an die Opfer des Holocaust.

Ein **Vereinigungsbrunnen** symbolisiert die Eingemeindung ehemals eigenständiger Dörfer wie Wilten, Hötting und Igls zur Stadt Innsbruck. Benannt ist der Landhausplatz übrigens nach dem ehemaligen Tiroler Landeshauptmann Eduard Wallnöfer. Auf der gegenüberliegenden Straßenseite der Salurner Straße befindet sich das **Casino** (s. S. 27).

› Infos zu den Denkmälern am Landhausplatz: www.pepperweb.net/landhaus platz/index.php

27 Tiroler Landesmuseum (Ferdinandeum) ★★★ [D3]

„Wir sind das Gedächtnis Tirols", lautet der Wahlspruch der Tiroler Landesmuseen. Ganz besonders trifft er auf das Flaggschiff der Landesmuseen zu: das Ferdinandeum. Das altehrwürdige Museum entführt in eine Zeitreise von der grauen Vorzeit bis in die Moderne.

Für das ehemals „Tirolische Nationalmuseum", das im Jahre 1823 gegründet wurde und dessen Fassade dem Stil der Florentiner Neurenaissance entsprungen ist, sollte man mindestens zwei Stunden Zeit mitbringen. Jede der unterschiedlichen Abteilungen auf drei Stockwerken

038in Abb.: se

und mehreren Zwischenebenen ist an und für sich einen eigenen Museumsbesuch wert.

Die Zeitreise startet im Untergeschoss mit wertvollen Funden aus der Steinzeit bis zum frühen Mittelalter. Zu bestaunen sind rätselhafte **Menhire** aus der Steinzeit, kunstvoll gearbeitete **Bronzefibeln** und keltische Münzen, römische Statuen und **bajuwarische Grabbeigaben.**

Im ersten Obergeschoss entfaltet sich die Kunstfertigkeit des Mittelalters in all ihrer Pracht: Meisterhaft geschnitzte Heiligenskulpturen der Gotik sind zu bestaunen und wertvolle Handschriften. Besonders eindrucksvoll sind unter anderem das anmutige Eitempera-Bildnis der **„Maria im Ährenkleid“** (um 1450) aus der Pfarrkirche von Sterzing und der **Altar von Schloss Tirol.** Auf den Tafeln wird das Marienleben mit Verkündigung, Heimsuchung, Geburt Christi, Anbetung der Heiligen Drei Könige, Tod und Krönung Mariens dargestellt – teils in verblüffender Natürlichkeit. Ebenfalls auf dieser Ebene zu Hause ist die wertvolle Niederländergalerie.

Arbeitet man sich weiter nach oben vor, kommt man langsam in das Einflussgebiet der Modernen Kunst, stets bereichert durch wechselnde Sonderausstellungen. Die **Moderne Galerie** präsentiert Künstler des 20. und 21. Jahrhunderts, unter ihnen Max Weiler, Oskar Kokoschka, Egon Schiele, Albin Egger-Lienz, Max Erwin Wurm, Alfons Walde und Markus Prachensky.

Wieder im Erdgeschoss angekommen, kann man sich im Shop noch mit Hintergrundinformationen oder Postkarten versorgen oder im Museumscafé eine kleine Kunstpause einlegen.

› Museumstraße 15, Tel. 59489, www.tiroler-landesmuseen.at, geöffnet: Di.–So. 9–17 Uhr (24.12. und 31.12. 9–14 Uhr, Faschingsdienstag: 9–12 Uhr, 25.12. und 1.1. geschlossen), Eintritt: Kombiticket mit Volkskunstmuseum 11, Hofkirche 12, Zeughaus 18, und Tirol Panorama 39 10 € (6 € ermäßigt)

‹ Auf Zeitreise von der Frühgeschichte bis zur modernen Kunst im Tiroler Landesmuseum Ferdinandeum

28 Synagoge ★ [E3]

In der vom Autoverkehr stark strapazierten Sillgasse befindet sich Innsbrucks Synagoge. Das Judentum kann in Tirol auf eine **lange Geschichte** zurückblicken: Bereits im 13. Jahrhundert wird ein jüdischer Münzmeister Herzog Sigmunds erwähnt. Die seit dem 19. Jahrhundert angewachsene Innsbrucker Gemeinde mietete 1910 in der Sillgasse 15 Räumlichkeiten als **Betsaal** an. In den 1930er-Jahren gab es Pläne zum Bau einer größeren Synagoge im Ortsteil Saggen, die aber aufgrund der Machtergreifung der Nationalsozialisten nie verwirklicht werden konnten. Während der Pogromnacht am 9. November 1938 wurden die Räume in der Sillgasse verwüstet. Ein Bombenangriff 1943 beschädigte das Gebäude schwer, sodass es 1963 abgerissen wurde und auf dem Gelände ein Parkplatz entstand.

In den 1980er-Jahren entschied man sich, am alten Platz wieder ein jüdisches Gotteshaus zu errichten – maßgeblichen Anteil an der Initiative hatte der Innsbrucker Altbischof Roland Stecher. 1993 konnte die Synagoge schließlich feierlich eingeweiht werden. Über dem Eingangsbereich verkündet ein hebräischer Schriftzug: „Baut mir dieses Haus und ich werde darin wohnen“. Im Inneren der Synagoge bildet ein **Deckengewölbe** den Sternenhimmel am 21. März 1993, dem Tag der Einweihung, ab.

› Sillgasse 15, Kontakt zur Israelitischen Kultusgemeinde und Anfragen zur Besichtigung unter Tel. 586892

29 Bozner Platz und Rudolfsbrunnen ★ [D4]

Wer vom Hauptbahnhof beziehungsweise vom Südtiroler Platz aus über die Brixner Straße westwärts Richtung Maria-Theresien-Straße 20 läuft, passiert diesen Platz ungefähr auf halber Strecke. Wie die meisten Plätze und Straßen in dieser Gegend erinnert er an Orte im heute zu Italien gehörenden Südtirol, die einst von Innsbruck aus regiert wurden.

Den im Rahmen der Stadterweiterung im 19. Jahrhundert angelegten Platz ziert im Zentrum der monumentale **Rudolfsbrunnen**, der an die 500-Jahrfeier der Zugehörigkeit Tirols zu Habsburg erinnert und der von einer Bronzestatue Herzog Rudolfs IV. bekrönt ist, dem die Tiroler Gräfin Margarete Maultasch 1363 Tirol vermachte. An den Ecken des Brunnens stehen bronzene Greife, mythische Mischwesen.

30 Hauptbahnhof ★ [E5]

Normalerweise sind Bahnhöfe keine echten Sehenswürdigkeiten. Auch der neu gestaltete Hauptbahnhof von Innsbruck hat sich zwar zu einem angenehmen Ankunfts- und Abfahrtsort mit etlichen Shops, einem großen Supermarkt und allerhand Komfort gemausert, hätte aber an und für sich keine besondere Beschreibung nötig. Im Falle der großen **Bahnhofshalle** verhält es sich allerdings etwas anders: Sie ist nämlich gleichzeitig eine Galerie für zwei riesige Bilder: Der Tiroler Künstler **Max Weiler** (s. S. 81) schuf in den 1950er-Jahren auf zwei korrespondierenden Wandfeldern **„Innsbrucks Geschichte“** und **„Innsbrucks Gegenwart“**. Im Rahmen der Neugestaltung des Bahnhofs wurden sie unter großem Aufwand abgenommen und im neu gestalteten Gebäude 2004 wieder angebracht.

039in Abb.: se

◁ Ein Greif vor dem Rudolfsbrunnen auf dem Bozner Platz

▷ Mit der Nordkettenbahn 34 geht es hinauf zum Hafelekar

Der Norden: im Schatten der Nordkette

Hier wird Innsbruck bergig, hier geht es in luftige Höhen. Mit der hypermodernen Hungerburgbahn erreicht man vom Congress aus bequem die Endstation Hungerburg, die gleichzeitig Ausgangspunkt für eine Fahrt mit der Seilbahn zur Seegrube und zum Hafelekar auf über 2000 Metern Höhe ist. Etwas unterhalb befindet sich der Alpenzoo, ein liebevoll gepflegter Tiergarten mit seltenen Alpenbewohnern wie Luchs, Wolf, Steinadler oder Kolkrabe.

Abseits der Hauptsehenswürdigkeiten will aber auch das linke Innufer entdeckt werden. In Mariahilf, Hötting und Sankt Nikolaus trifft man auf versteckte Innsbrucker Ecken – also ruhig einmal raus aus der Altstadt und über die Innbrücke!

040in Abb.: se

31 Anbruggen (Hötting) ★★ [B3]

„Anbruggen" wird das der Altstadt gegenüberliegende Innufer genannt und obwohl es vom Goldenen Dachl über die Innbrücke nur ein Katzensprung ist, verirren sich vergleichsweise wenige Touristen hierher. Dies allerdings zu Unrecht: Zwar kann Hötting mit seinen Ortsteilen Mariahilf und Sankt Nikolaus nicht mit spektakulären Sehenswürdigkeiten aufwarten, doch ein Spaziergang durch unentdeckte Gassen und über verborgenen Plätze mit schöner Aussicht lohnt sich auf jeden Fall – die Gegend ist etwas für Entdecker und nicht für Massentouristen.

Wenn man über die Innbrücke 1 geht, liegt links **Mariahilf** mit seiner sehenswerten Barockkirche und rechts **Sankt Nikolaus.** Beide Stadtteile gehören heute verwaltungsmäßig zur Katastralgemeinde Hötting. Das unterhalb des ehemaligen Dorfes Hötting gelegene Anbruggen war im Mittelalter die eigentliche Keimzelle der Stadt und wurde um 1133 durch die Grafen von Andechs gegründet.

Die bunten **Häuserfassaden** sind von der Altstadt aus gesehen ein beliebtes Fotomotiv. Wer sich durch die enge Höttinger Gasse am Gasthof Innbrücke den Berg hinaufarbeitet (Vorsicht: enger Gehsteig und viel Verkehr!), merkt aber auch schnell, dass sich hinter den Fassaden eine bunte Vielfalt an Häusern und Gärten sowie ein **multikulturelles und studentisches Miteinander** versteckt. Manches wirkt etwas heruntergekommen und verstaubt, anderes herausgeputzt und gepflegt. Die Viertel sind im Umbruch, viel wird gebaut oder umgebaut. Manche alten Geschäfte stehen leer, neue Institutionen siedeln sich an.

Der Norden: im Schatten der Nordkette

Für Natur- und Pflanzenliebhaber lohnt sich ein Besuch des **Botanischen Gartens** 32. Wer etwas Zeit mitbringt, kann hinaufwandern zur kleinen Wallfahrtskapelle mit dem wundertätigen **Höttinger Bild.** Es ist besonders bei Studenten beliebt. Im Jahre 1675 soll ein Student hier einen Kupferstich der Waldraster Muttergottes (s. S. 104) an einer Lärche angebracht und durch sein Gebet enorme Fortschritte in seinem Studium gemacht haben.

Wie in ganz Innsbruck gibt es auch in den nördlich des Inns gelegenen Stadtteilen viele Kirchen, deren Besuch sich lohnt: Die **Mariahilfkirche** (Dr.-Sigismund-Epp-Weg 1) gilt als Meisterwerk vom Übergang der Renaissance zum Frühbarock und beherbergt eine Kopie des im Dom 9 beheimateten Mariahilf-Bildes von Lucas Cranach. Weiter bergauf sind die **alte Höttinger Pfarrkirche** (Schulgasse 16) mit ihrem weithin sichtbaren charakteristischen Rundturm und die etwas unterhalb gelegene, im neoromanischen Stil errichtete **neue Pfarrkirche** (Schulgasse 2, Ecke Höhenstraße) mit einem eindrucksvollen Kreuz im Altarbereich sehenswert. Wer von hier aus die Riedgasse entlangwandert, erreicht in etwa 10 Minuten die ebenfalls interessante Kirche **Sankt Nikolaus** mit ihrem großen Friedhof. Ganz in der Nähe thront in der Weiherburggasse 5 das eindrucksvolle Schloss **Büchsenhausen**, dessen ockergelbe Fassade von der Nachmittagssonne besonders schön zum Strahlen gebracht wird. Hier wurden um 1500 Kanonen wie auch eine der Monumentalfiguren der Hofkirche 12 (Chlodwig von Frankreich) gegossen. Das Schloss befindet sich in Privatbesitz und kann nicht besichtigt werden. Von hier aus ist es zu Fuß nicht mehr weit zum so genannten **Schöneck** (Weiherburggasse 6). Die ehemalige kaiserliche Jagdresidenz ist nach ihrer schönen Aussicht benannt. In dem Gebäude befindet sich heute ein bekanntes Haubenlokal. Nach weiteren 300 Me-

041in Abb.: se

tern erblickt man links die noch höher gelegene spätgotische **Weiherburg** mit Café und Restaurant. Dahinter befinden sich der **Alpenzoo** 33 und eine Station der **Hungerburgbahn** (s. S. 78). Wer wieder zu Fuß zum Ausgangspunkt des Spaziergangs an der Innbrücke zurückkehren möchte, sollte von der Nikolauskirche aus die Sankt-Nikolaus-Gasse durchschlendern. Hier finden sich auch viele interessante Fotomotive.

› ÖPNV: Vom Marktplatz aus fährt die Buslinie W – in etwa dem beschriebenen Spaziergang entsprechend – zum Alpenzoo.

32 Botanischer Garten ★ [bj]

Der Botanische Garten wurde bereits 1911 eröffnet und dient seit jener Zeit dem Institut für Botanik der Universität Innsbruck für Lehre und Forschung. In den vergangenen beiden Jahrzehnten wurde der Garten im großen Stile aus- und umgebaut und zählt mit Recht zu den bedeutendsten botanischen Anlagen Österreichs. Über **5000 Pflanzenarten** aus aller Herren Länder und aus unterschiedlichen Klimazonen findet man in dieser grünen Oase. Mittlerweile fungiert der Botanische Garten als beliebtes Erholungszentrum für Innsbrucker und Touristen. Regelmäßige Kunstausstellungen und Sonderschauen sorgen für zusätzliche Abwechslung.

› Sternwartestraße 15, Buslinie H, Haltestelle: Botaniker Straße, Tel. 5075927, http://botany.uibk.ac.at/bot-garden/garten/index.html, Eintritt: 2 € (1 € ermäßigt), geöffnet: Nov.–Feb. Mo.–Fr. 7.30–17 Uhr, Sa., So., Fe. 8–17 Uhr, März Mo.–Fr. 7.30–18 Uhr, Sa., So., Fe. 8–18 Uhr, Apr.–Okt. Mo.–Fr. 7.30–19 Uhr, Sa., So., Fe. 8–19 Uhr. Die tropischen Schaugewächshäuser sind jeden Dienstag und Donnerstag und jeden ersten Sonntag im Monat von 13 bis 17 Uhr geöffnet.

◁ Entdeckungsreise im Stadtteil Hötting: das Schloss Büchsenhausen

33 Alpenzoo ★★★ [ci]

Europas höchstgelegenen Tierpark sollte man sich nicht entgehen lassen. Die hübsche Anlage unterhalb der Hungerburg wird von Alpentieren bewohnt, denen man sonst nie so nahe kommt. Vertreten sind auch Steinadler, Luchs und Wolf.

Gleich hinter dem Eingang werden die Besucher von **Fischottern**, einem **Kolkrabenpaar** und **Mönchsgeiern** begrüßt – Letztere waren schon ausgerottet, konnten in den Alpen jedoch wieder erfolgreich angesiedelt werden. Etwas unterhalb ist das **Bärengehege** eine der Hauptattraktionen. Wo der Bär zu Hause ist, darf auch der **Wolf** nicht fehlen. Etwas menschenscheu sind die edlen Räuber zwar, doch wer sich etwas Zeit nimmt, wird schon den einen oder anderen vorbeihuschen sehen.

Generell werden einem die Tiere hier nicht auf dem Präsentierteller serviert. Man muss sich teilweise etwas gedulden und genauer hinschauen, bis man den jeweiligen Gehegebewohner entdeckt – so auch bei den **Luchsen**, die oft gut getarnt in den Bäumen zu finden sind.

Den gewaltigen **Uhu** kann man heimlich durch Spalten in einer Bretterwand beobachten, wobei man sich nie ganz sicher sein kann, ob einen die Eule mit ihrem durchdringenden Blick nicht selbst schon längst erkannt hat.

Spannend ist auch der Besuch des **Steinadlergeheges**, das den König der Alpen beherbergt. Weiter den Berg hinaufsteigend, kommt man schließlich zu Elch und Steinbock. Neben Säugetieren und Vögeln kann man im Alpenzoo auch Frösche, Lurche, Schlangen und in einem großen Aquarium sogar Fische beobachten. Bei den kleinen Besuchern kommt besonders gut der **Haustier-Schaustall** mit den kleinen Schafen und Ziegen an. Für Speis und Trank ist gesorgt.

› Weiherburggasse 37, Tel. 292323, www.alpenzoo.at, Eintritt: 9 € Erwachsene, 7,50 € ermäßigt, 4,50 € (Kinder 6–15 Jahre), 2 € (Kinder 4–5 Jahre), Kombiticket mit Hungerburgbahn und Parkplatz Congress: 11 €, (9,50 €, 4,50 €), geöffnet: Apr.–Okt. 9–18 Uhr, Nov.–März 9–17 Uhr
› Fahrt mit der Hungerburgbahn (s. S. 78) von der Haltestelle „Congress" im Zentrum zur Station Alpenzoo oder Buslinie W (ab Marktplatz)

Fortbewegungsmittel mit modernster Technik: die Hungerburgbahn

34 Hungerburg und Nordkettenbahnen ★★ [dh]

Keine falschen Hoffnungen: Eine echte Burg steht hier oben nicht. Den Namen erhielt der **Ortsteil**, auch Hoch-Innsbruck genannt, von einer Jausenstation (Ausflugslokal), deren Portionen angeblich recht karg ausfielen und mehr Hunger als Sättigung erzeugt haben sollen.

Am „Balkon Innsbrucks" befindet sich die Bergstation der vom Zentrum aus fahrenden **Hungerburgbahn** und somit steht auch hier eines der futuristischen flügelartigen Stationsgebäude der Architektin Zaha Hadid. Ein paar Meter entfernt von der Beton-Aussichtsterrasse befindet sich die Talstation der **Nordketten-Kabinenseilbahn.** Wer ein paar Minuten auf die nächste Bergfahrt warten muss, sollte einen Blick in das kleine **Seilbahnmuseum** werfen. Es gibt Einblick in die Geschichte der Nordkettenbahnen von deren Anfängen in den 1930er-Jahren bis heute. Das erste große Teilstück der Strecke führt zur stark frequentierten **Seegrube** (1905 m) mit Selbstbedienungslokal und großer Sonnenterrasse.

Umstrittenes Großprojekt und Wahrzeichen: die Hungerburgbahn

Seit 2007 ist Innsbruck um ein modernes Wahrzeichen reicher: Mit der neu errichteten Hungerburgbahn verbindet eine der modernsten Standseilbahnen der Welt das Innsbrucker Zentrum mit dem Stadtteil Hungerburg (Hoch-Innsbruck). Das Millionenprojekt war in Innsbruck höchst umstritten. Viele Bewohner trauern noch heute der alten Hungerburgbahn nach, die vom Stadtteil Saggen 19 *aus seit 1906 fast hundert Jahre lang unfallfrei ihren Dienst getan hat. Ohne Bürgerentscheid und Ankündigung wurde der Betrieb im Dezember 2005 kurz vor dem 100. Geburtstag der alten Bahn eingestellt. Die Berg- und Talstation der alten Hungerburgbahn sind noch erhalten, ebenso das denkmalgeschützte Viadukt vor der Bergstation. Die Gleisanlagen wurden großteils abgebaut und die ehemalige Strecke ist zugewachsen.*

Mit der Verlegung der Talstation der Bahn zum Congress direkt neben der Hofburg 10 *hat man die Streckenführung verändert, um eine direkte Verbindung vom Zentrum in die Innsbrucker Bergwelt zu ermöglichen. Für das millionenschwere Prestigeprojekt wurden finanzkräftige Geldgeber mit ins Boot geholt, was mit einer Teilprivatisierung der Bahn verbunden war. Ein Teil der Strecke verläuft heute unterirdisch; der Inn wird über eine spektakuläre Stahlbetonbrücke überquert.*

Für die Gestaltung der Standseilbahn konnte die britisch-irakische Architektin Zaha Hadid gewonnen werden, die sich architektonisch in Innsbruck bereits mit dem Neubau der Bergiselschanze 40 *einen Namen gemacht hatte. Entstanden sind markante Stationsgebäude in Form von hellen Flügeln, die trotz ihrer futuristischen Monumentalität Eleganz und Leichtigkeit ausstrahlen. Mittlerweile ist die Wehmut über das Verschwinden der nostalgischen Vorgängerbahn etwas abgeklungen und viele Innsbrucker sind stolz auf ihre neue Top-Sehenswürdigkeit.*

043in Abb.: se

Der Norden: im Schatten der Nordkette

EXTRATIPP

Die Sage von Frau Hitt

Zwischen der Endstation der Hungerburgbahn und der Theresienkirche befindet sich ein Haus mit zwei rätselhaft anmutenden **Wandgemälden.** Sie stellen die Sage von Frau Hitt dar, einer Tiroler Riesenkönigin: Als die Königin hoch zu Ross einen steilen Bergpfad emporritt, reckte am Weg eine junge Bettlerin, die ein hungerndes Kindlein im Arm trug, ihre Hände zur Fürstin empor, um eine Gabe für das goldgelockte Knäblein zu erflehen. Frau Hitt brach einen Stein aus dem Fels und reichte ihn der Frau. Voll Wut und Verzweiflung stieß diese einen furchtbaren Fluch aus, der sogleich in Erfüllung ging. Die zynische Königin wurde samt ihrem Pferd in einen Felsen verwandelt. Bis heute erkennt man die versteinerte Frau Hitt am Kamm der Nordkette hoch über Innsbruck.

Diese und viele weitere Sagen finden sich im **Innsbrucker Sagenbuch** von Berit Mrugalska und Wolfgang Morscher, Tyrolia Verlag. Ein nützlicher Begleiter, um das sagenhafte Innsbruck zu erkunden.

044in Abb.: se

Auf sein Essen sollte man ein bisschen aufpassen: Die frechen Bergdohlen hüpfen auch schon mal auf die Tische und klauen die Leckerbissen vom Teller. Von der Seegrube genießt man einen fantastischen Blick auf Innsbruck und die gegenüberliegende Bergwelt. Wer noch höher hinaus will, fährt mit der zweiten Kabinenseilbahn zum **Hafelekar** (2256 m) mit kleinem Restaurant. Hier sind die Felsgipfel des Karwendelgebirges zum Greifen nahe und die Hafelekarspitze erreicht man in circa 15 Minuten Gehzeit. Die beleuchteten Stationen der Seilbahnen sieht man übrigens nachts sehr schön von der Innsbrucker Innenstadt aus.

Wieder an der Talstation Hungerburg angekommen, verlassen viele Touristen den Ortsteil schnell wieder, ohne einer besonderen Sehenswürdigkeit einen Besuch abgestattet zu haben: der **Theresienkirche** (35), die in drei Minuten zu Fuß erreichbar ist.

Die neue Hungerburgbahn wird zusammen mit den beiden Kabinenseilbahnen als **Innsbrucker Nordkettenbahnen** vermarktet. Die meisten Touristen befahren auch die gesamte Strecke bis hinauf zum Hafelekar, dem Hochbalkon Innsbrucks. Man kann aber selbstverständlich auch nur die Hungerburgbahn oder einen Streckenabschnitt der Kabinenseilbahn nutzen.

› Nordkettenbahnen, Höhenstraße 145 (Bergstation der Hungerburgbahn und Ausgangspunkt der Kabinenseilbahnen), Tel. 293344, www.nordkette.com, geöffnet: Hungerburgbahn: Mo.–Fr. 7–19.15 Uhr, Sa., So., Fe. 8–19.15 Uhr; Seegrubenbahn 8.30–17.30 Uhr, Hafelekarbahn: 9–17 Uhr, Preis: Innsbruck (Congress) – Hungerburgbahn – Hafelekar (Hin- und Rückfahrt): 28,50 € (Erwachsene), 22,80 € (Jugendliche), 15,70 €

(Kinder), die Kosten für Teilstrecken variieren, separate Winterpreise. Empfehlung: Mit der Innsbruck Card (s. S. 32) die Hungerburgbahn, Alpenzoo, Kabinenseilbahnen und eventuell weitere Sehenswürdigkeiten kombinieren!

35 Theresienkirche ★★ [ch]

Von außen wirkt die der heiligen Thérèse von Lisieux geweihte Kirche eher unscheinbar. 1935 beauftragte man den tschechischen Künstler **Ernst Nepo** mit der **malerischen Ausgestaltung.** Bis zum Anschluss Österreichs an das Deutsche Reich 1938 konnte er aber nur die Bilder im Altarraum sowie die Darstellung der Schutzpatronin an der Außenwand fertigstellen.

Nach Ende des Zweiten Weltkrieges gewann der damals noch relativ unbekannte Künstler **Max Weiler** einen Wettbewerb zur weiteren Ausgestaltung des Langhauses. Entstehen sollte ein **farbintensiver Freskenzyklus** mit den Themen: „Verehrung des Herzens Jesu", „Letztes Abendmahl und Ölberg", „Herz-Jesu-Sonne" und „Lanzenstich". Insbesondere mit dem Fresko **„Lanzenstich"** – es stellt statt römischen Soldaten einheimische Tiroler dar, ein Reiter in Tiroler Schützenuniform sticht dem Gekreuzigten die Lanze in die Brust – stach Weiler förmlich in ein Wespennest. 1948 mussten die Bilder unter Polizeischutz vor der wütenden Bevölkerung geschützt werden. Sogar der Papst in Rom wurde um Hilfe gebeten und seitens des Vatikans kam die Anweisung, die Fresken zu entfernen. Zwischen 1950 und 1958 wurden sie verhängt.

Mittlerweile haben sich die Zeiten geändert und kaum noch jemand nimmt Anstoß an den Darstellungen. Im Gegenteil: Man ist stolz auf die herausragende sakrale Kunst des 20. Jahrhunderts. Auseinandersetzungen um Kunstwerke gehören in Innsbruck übrigens zur „guten Tradition": Andreas Hofer wollte zum Beispiel die allzu nackten Brunnenfiguren des Leopoldsbrunnens 15 einschmelzen lassen, doch auch sie haben überlebt.

Noch einmal zurück ins Kircheninnere: Obwohl zwischen den Werken Weilers und Nepos ein deutlicher stilistischer Unterschied besteht, scheinen sie doch gut zu harmonieren. Vorne rechts befindet sich ein Schrein mit einer sehr lebensecht dargestellten Wachspuppe der heiligen Thérèse von Lisieux.

› Gramartstraße 4, www.hungerburg.at, geöffnet: tägl. 7–19 Uhr

EXTRATIPP

Max-Weiler-Parcours

Max Weiler war ein Enfant terrible der Tiroler Kunstszene und hat mit einigen seiner Werke polarisiert wie kein anderer. 1910 in Hall in Tirol 47 geboren und 2001 in Wien verstorben, hinterließ er in der Stadt am Inn über **1000 Quadratmeter an Wandmalereien,** die somit flächenmäßig dem Riesenrundgemälde (s. S. 86) auf dem Bergisel in nichts nachstehen. Der renommierte Innsbrucker Verein **Per Pedes** würdigt Max Weiler mit einem **geführten Parcours.** Er beginnt mit dem umstrittenen Frühwerk in der Theresienkirche 35 und führt über den Hauptbahnhof 30 mit seinen Wandgemälden Innsbrucks Geschichte und Innsbrucks Gegenwart bis hin zu den Arbeiten im Innsbrucker Casino (s. S. 27). Die Führung dauert circa drei Stunden.

› Anfragen: www.perpedes-tirol.at oder Tel. 575089

Der Süden: rund um den Bergisel

Kultur, Natur, Geschichte und Sport verbinden sich im Süden Innsbrucks zu einer kontrastreichen, faszinierenden Mischung: In Wilten und am Bergisel befindet sich quasi die historisch-mythologische Keimzelle der modernen Großstadt Innsbruck: Hier kämpften der Legende nach zwei Riesen um die Vorherrschaft am Inn, hier stritten die Tiroler unter ihrem Volkshelden Andreas Hofer um ihre Unabhängigkeit, hier stürzen sich alljährlich Skispringer aus der ganzen Welt in den Winterhimmel, hier wurde olympische Geschichte geschrieben. Nicht weit entfernt befindet sich das sehenswerte Schloss Ambras und wer sich in die wildromantische Sillschlucht verirrt, kann den Lärm der Autobahnen, welche den Bergisel wie eine Zange im Griff haben, gegen das Gebirgsbachrauschen eintauschen. Seit einigen Jahren befindet sich auf dem Bergisel zudem mit dem Tirol Panorama ein moderner Museumskomplex, der das Riesenrundgemälde über die Bergiselschlacht, das Kaiserjägermuseum und die Ausstellung „Mythos Tirol“ unter einem Dach vereint.

36 Stift Wilten ★★★ [E8]

Das Prämonstratenser-Chorherrenstift befindet sich auf geschichtsträchtigem Boden: Abgesehen davon, dass die Gegend am Bergisel bereits vor circa 3000 Jahren in der Urnenfelderzeit besiedelt war, ist auf dem Areal das Kastell Veldidena samt dazugehöriger Römersiedlung nachgewiesen. Und als wären dies nicht schon genug Gründe, um Wilten als bedeutendes prähistorisches und antikes Zentrum im heutigen Innsbrucker Stadtgebiet zu betrachten, hat auch noch der Kampf zweier Riesen der frühmittelalterlichen Klostergründung einen sagenhaften Entstehungsmythos beschert.

Der **Riese Haymon** war wohl aus Bayern kommend gen Innsbruck gezogen und traf dort auf den bei Seefeld ansässigen **Riesen Tyrsus**, was unter den Giganten aus grauer Vorzeit natürlich zu einer handfesten Auseinandersetzung führen musste. Obwohl er sogar noch einen Kopf größer war als sein Widersacher, zog Tyrsus dabei den Kürzeren und wurde von dem Eindringling durch einen Schwerthieb so schwer an der Ferse verletzt, dass er seiner Verwundung erlag. Das Riesenblut allerdings verwandelte sich laut der Überlieferung in das bis heute in der Volksmedizin verwendete **Tiroler Steinöl**, das seit dem Mittelalter aus Ölschiefergestein gewonnen wird. Häufig wird Tyrsus als Vertreter der rätoromanischen Urbevölkerung angesehen, während Haymon ein bayerisches beziehungsweise germanisches Adelsgeschlecht repräsentiert.

Doch zurück zur Legende: Der siegreiche Haymon konnte sich nicht an seinem Triumph erfreuen, wurde von Gewissensbissen geplagt, bekannte sich infolgedessen zum Christentum und gelobte, ein Kloster am Bergisel zu gründen. Doch die Bauarbeiten auf dem Trümmerfeld der alten Römersiedlung liefen nicht reibungslos, da ein übel gelaunter **Drache** aus der nahe gelegenen Sillschlucht dem Projekt einen Strich durch die Rechnung zu machen schien. Erst nachdem auch dem Ungetier von Haymon der Garaus gemacht wurde – die in Gold gefasste Drachenzunge kann noch heute im **Ferdinandeum** 27 besichtigt werden –, konnte das Kloster wachsen und gedeihen. Das Grab Haymons, der ab diesem Zeitpunkt ein friedliches und gottgefälliges Leben geführt haben soll, ist in der Vorhalle der Stiftskirche mit folgendem Text unter seiner gotischen Statue gekennzeichnet: „Als Tag und Jahr verloffen war, Achthundert schon verstrichen, Zu siebzig acht hats auch schon gmacht, Da Haymon Tods verblichen. Der tapfre Held hat sich erwählt, Ein Kloster aufzuführen; Gab alls hinein, ging selbst auch drein, Wollts doch nicht selbst regieren. Hat löblich glebt, nach Tugend gstrebt, Ein Spiegel war er allen, Riß hin, Riß her, ist nicht mehr er, Ins Grab ist er hier gfallen". Die beide Riesen flankieren auch das Hauptportal der Stiftskirche, Tyrsus ist rechts in archaischer Manier mit einem Baumstamm als Waffe dargestellt, Haymon links mit einem Schwert.

Zwar hat man über Jahrhunderte an die historische Existenz der beiden Giganten geglaubt und sogar nach Haymons Knochen gegraben, belegt ist die Gründung von Stift Wilten jedoch erst im Jahre 1138 durch Bischof Reginbert von Brixen, der auch den **Prämonstratenserorden** ins Inntal holte. Zur Blüte gelangte das Stift im 17. und 18. Jahrhundert, was sich auch in der pompösen barocken Ausstattung der **Stiftskirche** manifestiert. Äußerlich ist sie bereits von Weitem an ihrem charakteristischen, 58 Meter hohen Turm erkennbar. Er ist berühmt für das **Stiftsgeläute** der elf Glocken aus der **Gießerei Grassmayr** 41, deren schwerstes Exemplar, die Auferstehungsglocke, über vier Tonnen auf die Waage bringt.

Im Kircheninneren gelangen Besucher in der Regel nur bis in die Vorhalle. Durch das **Vorhallengitter** – ein Paradebeispiel barocker Schmiedekunst, 1707 vom Schlossermeister Adam Nager verwirklicht – hat man dennoch einen schönen Blick ins Kir-

◁ Blick vom Bergisel auf Wilten – links die Basilika 37, rechts Stift Wilten

EXTRATIPP

Klosterladen von Stift Wilten

Im Klosterladen des Stifts bekommt man nicht nur eine Vielzahl an **kulturhistorischen Büchern,** Kirchenführern und sonstigen **Informationsmaterialien,** sondern er ist auch ein kleiner **Feinschmeckerladen** mit besonderem Charme und ausgewählten Produkten. Wer das eine oder andere authentische Schmankerl mit nach Hause bringen will, ist hier richtig. Neben Produkten aus befreundeten Klöstern ist der Laden auf Leckereien aus dem eigenen Klostergarten spezialisiert. Einen Namen hat man sich mit **biologisch produzierten Schnäpsen und Likören** gemacht. Das Obst stammt dabei aus den heimischen Obstgärten. Daneben gibt es Weine, selbst gemachte Schokoladen und viele weitere himmlische Genüsse.

› Öffnungszeiten: Mo.–Fr. 8–12 und 14–18 Uhr, Sa. 8–12 Uhr

chenschiff mit seinen Fresken und Stuckaturen und auf den Hochaltar. Ausführliche Besichtigungen der Kirche und der Anlage samt Bibliothek und Museum sind nach Voranmeldung möglich.

Musikalischen Weltruhm haben die **Wiltener Sängerknaben** erworben. Die Tradition der Gesangsausbildung ab 6 Jahren geht bis ins 13. Jahrhundert zurück, womit die Wiltener Buben ihre Stimmen deutlich länger zum Gesang erheben als die Wiener Sängerknaben.

› Klostergasse 7, Tel. 583048, www.stift-wilten.at. Führungen nach Voranmeldung bei Kirchenrektor, Diakon Nikolaus Albrecht O.Praem., Tel. 58304870 oder nikolaus@stift-wilten.at

› Straßenbahnlinie 1, Endhaltestelle Bergisel/Tirol Panorama

37 Basilika Wilten ★★★ [E8]

Im Vergleich zur Stiftskirche ist die sich gegenüber befindende Basilika auf den ersten Blick an ihren zwei Kirchtürmen zu erkennen. Bereits in römisch-frühchristlicher Zeit soll der Platz der Muttergottesverehrung gedient haben und Ausgrabungen haben tatsächlich einen christlichen Bau von um 420 nach Christus nachgewiesen. Die Basilika präsentiert sich seit dem 18. Jahrhundert als Juwel des Rokoko.

„Unsere liebe Frau unter den vier Säulen" lautet die korrekte Bezeichnung der Pfarrkirche. Der Name bezieht sich auf einen 1609 entstandenen, auf vier Steinsäulen ruhenden Baldachin, der im Strahlenkranz das **gotische Gnadenbild** aus dem Jahre 1320 beherbergt. Alles ist auf diese anmutig und liebevoll wirkende Statue aus Sandstein am Hochaltar hin ausgerichtet. Leider kann man ebenso wie in der Stiftskirche nicht ständig das gesamte Kirchenschiff durchschreiten und so bleibt die gesamte, in zarten Pastell- und Goldfarben gehaltene Pracht auf den Blick durch das Vorhallengitter beschränkt.

Ihre heutige Gestalt erhielt die Wallfahrtskirche zwischen 1751 und 1755 unter der Aufsicht des Architekten und Priesters Franz de Paula Penz. Seit dem Mittelalter ist die Marienverehrung bezeugt und bis heute genießt das Gotteshaus eine große spirituelle Verehrung, was auch den Päpsten in Rom nicht verborgen geblieben ist: 1957 wurde die Pfarrkirche durch Pius XII. zur päpstlichen **Basilica minor** erhoben. Johannes Paul II. besuchte das Gnadenbild im Jahre 1988, woran eine Gedenktafel in der Kerzenkapelle links vom Eingang erinnert, und au-

Tirols Volksheld: Andreas Hofer

Am 22. November 1767 in Sankt Leonhard in Passeier (heutiges Südtirol) geboren, übernahm Andreas Hofer im Alter von 22 Jahren das dortige Wirtshaus Sandwirt. Mit seiner Frau Anna, geborene Ladurner, hatte er sieben Kinder, sechs davon Mädchen. Laut einiger Biographen soll er sich durch Frömmigkeit, Heimatliebe und Treue zum österreichischen Kaisertum ausgezeichnet haben. Als Napoleon Bonaparte Anfang des 19. Jahrhunderts große Teile Europas mit Krieg überzog, fiel Tirol 1805 an die Bayern. Im Jahre 1809 kam es schließlich zum Aufstand gegen die verhassten bayerischen und französischen Besatzer und dieser verlief zumindest in der Schlacht von Sterzing und in den ersten drei Schlachten am Bergisel erfolgreich, sodass die Tiroler Schützen unter ihren Anführern Andreas Hofer, Martin Teimer, Josef Speckbacher und Peter Mayr sich vorübergehend vom Joch ihrer Feinde befreien konnten. In der vierten Bergisel-Schlacht mussten sich die Freiheitskämpfer jedoch der bayerischen Übermacht beugen. Hofer floh auf eine Alm, wurde jedoch verraten und in Ketten nach Mantua verbracht, wo man ihn auf Geheiß Napoleons am 20. Februar 1810 erschießen ließ. Der Legende nach sollen ihn die ersten Schüsse lediglich verletzt haben, weshalb Hofer gesagt haben soll: „Ach, wie schießt ihr schlecht!“, ehe man ihm den Gnadenschuss verabreichte. Seine Gebeine kamen in den folgenden Jahrzehnten über Umwege nach Innsbruck, wo sie 1834 in der Hofkirche ⓬ *beigesetzt wurden. Zwar gilt Andreas Hofer in weiten Teilen der Tiroler Bevölkerung bis heute als Volksheld, dennoch ist seine historische Rolle in der Geschichtsschreibung nicht klar: Während die einen ihn als Freiheitskämpfer mit edlen Werten und quasi als alpenländischen David gegenüber dem französischen Goliath stilisieren, sehen andere ihn als ultrakonservativen Vertreter eines ihrer Meinung nach überkommenen autoritären Katholizismus. Vielleicht liegt die Wahrheit wie so oft irgendwo in der Mitte, der bayerische Autor enthält sich hier aber lieber eines endgültigen Urteils.*

046in Abb.: se

ßen über dem Portal ziert das Wappen des bayerischen Papstes Benedikt XVI. die Fassade. Einen virtuellen Einblick in die Kirche und zusätzliche Informationen erhält man unter www.basilika-wilten.at.

› Straßenbahnlinie 1, Endhaltestelle Bergisel/Tirol Panorama

Der Süden: rund um den Bergisel

38 Bergisel-Plateau mit Andreas-Hofer-Monument ★★ [E9]

Von der Straßenbahnendhaltestelle der Linie 1 (Bergisel/Tirol Panorama) erreicht man über einen Fußweg in circa 15 Minuten das Bergisel-Plateau, wo sich auch der neu errichtete Museumskomplex Tirol Panorama befindet 39. Daneben erwartet die Besucher unter Schatten spendenden Bäumen ein regelrechtes Sammelsurium an Denkmälern. Geschuldet ist dieser den Tirolern heilige Ort vor allem einem Ereignis, das sich tief in die Volksseele eingraviert hat: der **Schlacht am Bergisel** im Jahr 1809. Eigentlich waren es gleich vier Schlachten im April, Mai, August und November, die im Rahmen des Tiroler Volksaufstands gegen die bayerisch-napoleonischen Truppen in die Tiroler Landesgeschichte eingegangen sind.

Dominiert wird die Erinnerungslandschaft vom kolossalen bronzenen **Denkmal für Andreas Hofer**, der grimmig entschlossen und von Adlern flankiert auch zukünftigen Feinden Tirols entgegenzutreten scheint. Eingeweiht wurde es 1893 im Beisein des österreichischen Kaisers Franz Joseph I., dem zu Ehren ebenfalls ein Denkmal platziert wurde. Es steht in der Nähe des **Alt Kaiserjägerclubs**, der im Ulrichhaus, dem ehemaligen Sommeroffizierscasino mit hübscher Holzfassade gleich rechter Hand des Hofer-Denkmals, untergebracht ist. Der Klub kümmert sich gemeinsam mit der Bergiselstiftung um den Erhalt der Erinnerungslandschaft, zu der auch eine **Kreuzkapelle** (1912) und ein **Ehrengrab** für die 20.000 gefallenen Kaiserjäger des Ersten Weltkriegs (1923) gehören. Zudem findet man auf dem Plateau die **historische Regimentsschießstätte** (1816) der Tiroler Kaiserjäger, Austragungsort des jährlich im Mai stattfindenden Kaiserjägerschießens (www.tirolerkaiserjaeger-innsbruck.at).

39 Tirol Panorama ★★★ [E9]

Bisher hatte der Bergisel in Bezug auf seine Gedenkstätten ein eher verstaubtes Image, doch das neue Tirol Panorama setzt dazu einen Kontrapunkt. Für den Museumskomplex wurde das bestehende Kaiserjägermuseum um einen großzügigen modernen Anbau erweitert. Es entstand somit **eines der modernsten Museen Tirols**, das sich durch Architektur und Modernität bewusst vom etwas angestaubten Image der Bergisel-Erinnerungslandschaft abheben möchte.

Auf dem Plateau des Museumskomplexes befindet sich hinter dem Kaiserjägermuseum am Abhang des Berges ein **Pavillon**, der sich bei gutem Wetter ideal zur Pause und zum kleinen Picknick eignet. Von hier oben hat man auch einen herrlichen Blick über Innsbruck.

Riesenrundgemälde

Im Tirol Panorama fand unter anderem eines der symbolträchtigsten historischen Exponate Tirols seinen neuen Platz: das Riesenrundgemälde von **Michael Zeno Diemer** aus dem Jahr 1896, das auf 1000 Quadratmetern Leinwand eine Rundsicht auf die dritte **Bergiselschlacht** im August 1809 zeigt, als das Land versuchte, sich von der bayerisch-französischen Besatzung zu befreien. Auf insgesamt 27 Leinwandbahnen von 10,7 Metern Höhe verewigten Diemer und seine Mitarbeiter nicht nur die Kämpfe der Mannen rund um Andreas Hofer, sondern auch das historische Inns-

bruck. Bis vor wenigen Jahren war das Gemälde in einer Rotunde in der Stadt untergebracht, dann wurde es restauriert und nach neuesten museumstechnischen Maßstäben am Bergisel wirkungsvoll in Szene gesetzt – inklusive zentraler Besucherplattform, ausgeklügelter Lichttechnik und einem sogenannten *faux terrain*, einer künstlichen Landschaft zwischen Bild und Betrachter.

Mit etwas Fantasie fühlt man sich tatsächlich, als sei man unter freiem Himmel mitten im Geschehen. Um einen herum feuern Tiroler Schützen und bayerische Soldaten aus allen Rohren, ein Tiroler Priester stürmt mit einem Kreuz auf die Feinde zu. Auf dem Feldherrnhügel steht in unaufgeregter Pose der Tiroler Kommandant Andreas Hofer. Auf der gegenüberliegenden Seite blickt man hinunter auf das historische Innsbruck – zwischen Wilten und der Stadt liegen noch Wiesen. Die Bäume wurden von den Tirolern eigens gefällt, um besser auf die Gegner schießen zu können. Die einzigen beiden Frauen auf dem Panoramagemälde sind eine junge Frau, die einen Gefallenen beweint, und eine weitere Dame, die einem verwundeten alten Mann einen Becher Wasser reicht.

Das Riesenrundgemälde hatte nicht den Zweck, eine Schlacht zu dokumentieren – es sollte den **Heldenmut und die Unbeugsamkeit des Tiroler Volkes** darstellen. Ein wenig hat der Künstler in seinem Werk auch geschummelt: Die feschen Trachten der Tiroler gab es 1809 beispielsweise noch gar nicht. Daneben erweist sich Diemer bereits als früher Touristiker des 19. Jahrhunderts: Die verschneite Nordkette wirkt besonders majestätisch, im August 1809 dürfte die weiße Pracht jedoch bereits zu großen Teilen abgeschmolzen gewesen sein.

⌃ *Schlachtenszene des Riesenrundgemäldes im Tirol Panorama*

Der Süden: rund um den Bergisel

Das Riesenrundgemälde und das gesamte Museum sollte man mit einem **Audioguide** besichtigen. Nachdem zunächst die Ausgangslage im Jahre 1809 erläutert worden ist, erfährt man auf der Besucherplattform viele interessante Details des Gemäldes, das man ruhig eine Zeit auf sich wirken lassen sollte, ehe man den nächsten Bereich des Museums mittels einer Rolltreppe erreicht. Tipp: Wer sich das Antlitz von Innsbruck anno 1809 gemerkt hat, kann es nachher von den Fenstern des Kaiserjägermuseums aus mit der heutigen Stadtansicht vergleichen.

Schauplatz Tirol

Ein **Verbindungsgang** zum Kaiserjägermuseum widmet sich der Ausstellung „Schauplatz Tirol", in der einzelne Aspekte aus der Tiroler Geschichte beleuchtet werden. Religion, Mensch, Politik und Natur sind die Schlagworte, unter denen Tirol und die Tiroler dort subsumiert werden. Das **„Heilige Land Tirol"** mit Frömmigkeit, Aberglaube und der Bedeutung des Glaubens in Alltag und Politik wird hier ebenso behandelt wie das **„Land im Gebirge"**, ebenfalls eine Bezeichnung, mit der Tirol immer wieder bedacht wird. Die Bedeutung der Berge, ihre identitätsstiftende Kraft, die Auseinandersetzung mit der Natur sind die Themen dieses Bereiches. Man kann sich über „echte" und „falsche" Tiroler informieren und amüsieren, denn das Fremd- und Selbstbild der Tiroler steht hier im Zentrum.

In **„Die Behauptung Tirols"** wird der Mythos Freiheit, werden seine Triebfedern Antizentralismus und Traditionalismus unter die Lupe genommen. Dieser Verbindungsgang zum Kaiserjägermuseum bietet neben Tiroler Stereotypen wie Skiern, ausgestopften Tieren und Utensilien des Volksglaubens auch spannende Schaukästen. Einige kurze Videosequenzen sind dem vierteilen Fernsehfilm „Die Piefke Saga" entnommen, der Anfang der 1990er-Jahre deutsche Touristen und die Tiroler Bevölkerung parodiert hat.

Kaiserjägermuseum

„Ein Museum im Museum" stellt das Kaiserjägermuseum im Gesamtkonzept des Tirol Panorama dar. Mit der **Dokumentation der Militärgeschichte Tirols** vom 18. bis ins 20. Jahrhundert knüpft die historische Sammlung des Museums direkt an die Darstellung des Dramas am Bergisel an. Das Regimentsmuseum der Tiroler Kaiserjäger spiegelt die Entwicklung des altösterreichischen Militärs und der Jägertruppe im 19. Jahrhundert aus der Sicht des Truppenkörpers wider. Im abschließenden sogenannten „Europaraum" kann das Thema der **europäischen Gegenwart Tirols** interaktiv erlebt werden.

In diesem Museum dominieren eindeutig Männer in Uniformen, aber auch wer sich nicht so sehr für Militärgeschichtliches interessiert, sollte die Stufen des Museums emporsteigen. Von den Fenstern aus hat man einen herrlichen Blick über Innsbruck.

› **Tirol Panorama**, Bergisel 1–2, der Sightseer (TS) fährt direkt auf das Plateau, ansonsten Straßenbahnlinie 1 (Endhaltestelle Bergisel/Tirol Panorama) und danach 15 Minuten Fußweg, Tel. 59489611, www.tiroler-landesmuseen.at, geöffnet: Mi.–Mo. 9–17 Uhr, Eintritt: 7 € (5 € ermäßigt, Familienkarte: 14 €)

Die Bergiselschanze wurde von der Architektin Zaha Hadid entworfen

40 Bergiselstadion (Skisprungschanze) ★★ [E9]

Seit 1927 finden am Bergisel Skisprungveranstaltungen statt – damals noch auf einer spartanischen Naturschanze. Die erste **Vierschanzentournee** auf einer neu errichteten Anlage ging 1952 über die Bühne. Seither stürzen sich die todesmutigen Athleten jährlich am 3. Januar über den Schanzentisch in den Innsbrucker Winterhimmel, theoretisch immer den tief unten gelegenen Friedhof Wilten, letztendlich aber lieber einen neuen Schanzenrekord im Visier.

Im Rahmen der **Olympischen Winterspiele** 1964 und 1976 kam es zu großangelegten Um- und Ausbaumaßnahmen – die olympischen Ringe sind bis heute zu bewundern – ehe man sich seitens des Österreichischen Skiverbandes (ÖSV) um die Jahrtausendwende für einen kompletten Neubau entschied. Seit 2002 steht auf dem Bergisel als weithin sichtbares Wahrzeichen Innsbrucks die futuristisch anmutende Skisprungschanze, konzipiert von der irakisch-britischen Stararchitektin **Zaha Hadid.** Das Bauwerk gewann den österreichischen **Staatspreis für Architektur,** wobei vor allem die harmonisch-funktionale Verbindung einer Sportstätte mit einem Turmrestaurant und einer Aussichtsplattform gelobt wurde. Man erreicht den Turm entweder bequem über eine kleine Bergbahn und einen Aufzug oder sportlich über 455 Stufen und genießt bei schönem Wetter ca. 250 Meter über dem Inntal einen tollen Rundpanoramablick.

Traditionell wird die Anlage nicht nur für Skisportveranstaltungen genutzt, auch Snowboard-Events und Fußballübertragungen oder Popkonzerte fanden schon im Bergiselstadion statt. Papst Johannes Paul II. feierte 1988 zusammen mit 60.000 Besuchern eine Freiluftmesse. Die Anlage kann das ganze Jahr über besichtigt werden.

048in Abb.: TVB/UNISONO Werbeagentur

- › Bergiselweg 3, Tel. 589259, Restaurant: Tel. 58925930, www.bergisel.info, Eintritt: Erwachsene: 9 €, Kinder bis 14 Jahre: 4 €, Familienticket: 17,50 €, geöffnet: Juni–Okt. 9–18 Uhr, Nov. bis Mai 10–17 Uhr
- › Straßenbahnlinie 1 (Endhaltestelle Bergisel/Tirol Panorama) und danach 15 Minuten Fußweg oder The Sightseer (TS), Haltestelle Tirol Panorama

Vierschanzentournee

Einige Tage nach Silvester, in der Regel um den 3./4. Januar, verwandelt sich das Skisprungstadion am Bergisel in ein Volksfest. Über 20.000 Zuschauer bejubeln die Adler der Lüfte und in den vergangenen Jahren konnten besonders die österreichischen Athleten bejubelt werden. Die Vierschanzentournee ist das prestigeträchtigste Event des Skisprungzirkus. Innsbruck folgt dabei traditionell auf das Auftaktspringen in Oberstdorf und das Neujahrsspringen in Garmisch-Partenkirchen. Den Abschluss bildet das Dreikönigsspringen in Bischofshofen.

In der Saison 2011/12 feierte die Vierschanzentournee ihr 60. Bestehen. Zur Geschichte: Initialzündung war ein Treffen von Skisprungfreunden aus Innsbruck und Partenkirchen in einer Bauernstube in Partenkirchen im Sommer 1949, bei dem die Idee einer Springertournee ins Leben gerufen wurde. In den ersten Jahren nach dem Zweiten Weltkrieg war es den deutschen Skispringern zwar noch verboten, im Ausland zu starten, die Innsbrucker luden ihre Sportskameraden vom Ski-Club Partenkirchen (SCP) trotzdem zum Skispringen auf der Seegrube ein - die Bergisel-Schanze lag damals noch in Trümmern. Die erste echte Vierschanzentournee startete schließlich 1953 mit dem Neujahrsskispringen in Garmisch-Partenkirchen. Vor 20.000 Zuschauern nahmen sechs Nationen teil - neben Deutschen und Österreichern vier Schweden, je drei Norweger und Schweizer und fünf Springer aus Slowenien. Am 6. Januar ging das Dreikönigsspringen in Innsbruck über die Bühne. Sieger der ersten Tournee war der Österreicher Sepp „Buwi" Bradl. Die erfolgreichste Vierschanzentournee mit dem größten Zuschauerinteresse fand 2001/2002 statt. Mit Sven Hannawald gelang es einem Skispringer zum ersten und bislang einzigen Mal in der Geschichte der Vierschanzentournee alle vier Einzelkonkurrenzen zu gewinnen.

Kleines Innsbruck-Detail am Rande: Mit Andreas Widhölzl gewann bei der Tournee 1999/2000 zum ersten Mal ein Tiroler Skispringer am Bergisel. Bis dahin hieß es: Welcher Tiroler hat zuletzt am Bergisel gewonnen? Antwort: Andreas Hofer.

41 Glockenmuseum (Glockengießerei Grassmayr) ★ [E8]

So etwas gibt es nur in Innsbruck: ein eigenes Museum für Glocken beziehungsweise eine Kombination aus Glockengießerei, Glockenmuseum und Klangraum. Dieses Museumskonzept veranlasste sogar das Bundesministerium für Kultur dazu, das Museum mit dem Österreichischen Museumspreis auszuzeichnen.

Seit 1599 werden von der **Glockengießerei Grassmayr** Glocken produziert, deren Geläut man in der ganzen Welt hören kann. Auf dem Berg Sinai in Ägypten, dem Mosesberg, läutet z. B. eine Glocke für den Frieden.

Noch heute werden in alter Tradition Glocken modelliert und zu kunstvoll verzierten Klangkörpern gegossen. Nicht nur Kirchenglocken entstehen hier seit über 400 Jahren – auch Kuhglocken, die zum Schutze des Viehs in den Bergen dienen, werden fabriziert. Besonders bei den Almabtrieben im Herbst kann man deren Geläut in den Bergdörfern rund um Innsbruck hören.

Das **Glockenmuseum** präsentiert den Besuchern den Weg vom Erz zur Glocke und gibt Einblicke in die Geheimnisse der alten Gießerzunft. Das wichtigste bei Glocken ist bekanntlich der Klang, der im Glockenmuseum in vielerlei Gestalt im **Klangraum** vermittelt wird – ein Erlebnis für alle Sinne!

› Leopoldstraße 53, Straßenbahnlinie 1, Endhaltestelle Bergisel/Tirol Panorama, Tel. 5941637, www.grassmayr.at, geöffnet: Mo.–Sa. 9–17 Uhr, Eintritt: 7 €, Kinder: 4,50 €, Familienkarte: 18 €

42 Tivoli-Areal und Olympiaworld ★ [dk]

Im Vergleich zu anderen Stadtteilen und Vororten wirkt Innsbruck im Stadtteil Pradl **großstädtisch und modern.** Flankiert von Hotel- und Bürotürmen und eingerahmt von einer stark frequentierten Ausfallstraße und der Autobahn entstand etwa in den letzten zehn Jahren der Tivoli-Komplex bestehend aus Fußballstadion, Freibad, Eisschnelllaufbahn, Eisstadion und Olympiahalle. Das gewaltige Bauwerkensemble hat seinen Ursprung im Eisstadionbau für die Olympischen Winterspiele 1964. Für die Eishockey-WM 2005 und die Fußball-WM 2008 fanden großflächige Baumaßnahmen statt.

Seit Jahren dient die **Olympiahalle** als österreichweit bedeutende Veranstaltungshalle, in der sich nationale und internationale Größen des Pop und Rock die Klinke in die Hand geben. Umjubelt waren unter anderem Konzerte der Rolling Stones, von Iron Maiden, Wolfgang Ambros und Falco. Das 17.000 Zuschauer fassende **Tivoli-Fußballstadion** ist Heimat des Vereins **FC Wacker Innsbruck.**

Für Besichtigungen außerhalb der jeweiligen Veranstaltungen ist das Tivoli-Areal nur bedingt geeignet, wer aber sowieso gerade in der Gegend ist, sollte sich ruhig ein bisschen Zeit für das Bauensemble und den umliegenden Stadtteil nehmen. Hier ist Innsbruck sehr international und multikulturell, auch was seine Einwohner betrifft.

› www.olympiaworld.at, Bus „The Sightseer" (TS) oder Buslinie S, Haltestelle: Olympiaworld

43 Schloss Ambras ★★★ [fk]

Wunderbar ist nicht nur die Wunderkammer: Das Renaissanceschloss Ambras – idyllisch auf einem Höhenrücken im Innsbrucker Südosten gelegen – ist eine spannende Schatztruhe für Alt und Jung, für Kunstliebhaber und Romantiker. Für Schloss Ambras sollte man sich ein wenig Zeit nehmen, denn sie ist hier hervorragend investiert.

Romantisch ist schon die Entstehungsgeschichte: Der Tiroler **Erzherzog Ferdinand II.** (1529–1595) verliebte sich in die reiche Augsburger Bürgerstochter Philippine Welser und heiratete sie trotz aller Widerstände. Die nicht standesgemäße Verbindung musste lange Jahre geheim gehalten werden, weshalb der Erzherzog auf den Resten einer mittelalterlichen Festung des Adelsgeschlechts der Andechser Schloss Ambras als abgeschiedenes Liebesnest und gleichzeitig als Museum für seine kostbaren Sammlungen errichten ließ.

Der verborgene Ort konnte seine Schätze bis heute konservieren. Die älteste erhaltene **Kunst- und Wunder-**

kammer ist ein einzigartiges Kaleidoskop des Wissens und des Kunstgeschmacks im 16. Jahrhundert – am Übergang vom Mittelalter zur Neuzeit. Besonderen Wert legte Ferdinand auf Kurioses, Skurriles und Wunderliches: So finden sich zum Beispiel ein von einem Eichenstamm komplett umwachsenes Hirschgeweih, komplett präparierte, von der Decke hängende Haifische oder das Porträt von Hofzwerg Thomele und Riese Bartl Ma, die beide am Hofe gewirkt haben sollen – der Riese mit einer überlieferten Körpergröße von 2,60 Metern.

Außerdem sind Geniearbeiten des europäischen Kunsthandwerks zu bewundern: etwa das aus einem einzigen Birnbaumholz filigran geschnitzte Skelett, ein sogenanntes **Tödlein,** oder kostbar verzierte Trinkgefäße. Auch historische Vorlagen zu Bram Stokers Dracula und „Die Schöne und das Biest" finden sich auf Ambras: die älteste Darstellung des rumänischen Fürsten Vlad Zepesch und ein Gemälde eines komplett behaarten Mannes namens Petrus Gonsalvus. Auch seine Geschichte ist voller Romantik: Der an einem genetischen Defekt leidende Mann aus Teneriffa wurde im 16. Jahrhundert für einen sprechenden Affen gehalten und mit Catherine, Tochter eines Hofbediensteten, zwangsverheiratet. Die junge Frau entdeckte hinter der Fassade des vermeintlichen Monsters jedoch den Menschen in Petrus, verliebte sich in ihn und schenkte ihm mehrere Kinder – einige davon ebenfalls behaart, andere ohne das sogenannte Ambras-Syndrom. Aus dieser Liaison entwickelte sich der Stoff für „Die Schöne und das Biest".

Die Wunderkammer allein ist einen Besuch wert, doch noch lange nicht genug: Die **Rüstkammern** mit ihren prächtig glänzenden Rüstungen entführen in die Welt der Ritterturniere. Das Hochschloss besitzt neben einer Habsburger Porträtgalerie, der neoromanischen Nikolauskapelle, einer gotischen Skulpturensammlung und einer Glassammlung mit dem **Spanischen Saal** einen der bedeutendsten Säle der Renaissance. Besonders die Holzdecke ist eine handwerkliche Spitzenleistung ihrer Zeit.

Wunderwerk der Renaissance: der Spanische Saal auf Schloss Ambras

Erhalten ist auch das berühmte **Bad der Philippine Welser,** eine „Wellnessoase des 16. Jahrhunderts“ mit Schwitzbad, Badewanne und einem mit Fresken verzierten Ruheraum. Kürzlich fand man sogar heraus, dass das Bad mit Kalt- und Warmwasserleitungen gespeist wurde. Philippine Welser war auch eine hervorragende Köchin und hinterließ ein Kochbuch mit kalorienreichen Rezepten. Daneben beschäftigte sie sich mit Kräuterkunde – ein Kräutergarten existiert auch heute noch. Im Freien kann man im zauberhaften **Schlosspark** lustwandeln und einen Blick in die **Bacchusgrotte** werfen, die schon den Festgesellschaften Ferdinands als „Partyraum“ diente.

Tipp: Wer die Möglichkeit hat, sollte an einer der regelmäßig stattfindenden **Führungen** teilnehmen, die sehr spannend, lehrreich und unterhaltsam sind.

› Schlossstraße 20, Buslinie „The Sightseer“ (TS), Station Schloss Ambras, oder ab Bergisel/Tirol Panorama mit der Straßenbahnlinie 6 zur Haltestelle Tummelplatz und danach fünf Minuten zu Fuß, Tel. 244802, www.schlossambras-innsbruck.at, Eintritt: Apr.–Okt. 10 € (7 € ermäßigt), Dez.–März 7 € (5 €), geöffnet: tägl. 10–17 Uhr (2.–30. Nov. geschlossen)

EXTRATIPP

Ein Tummelplatz als Friedhof

Einst haben sich hier, nur ein paar Hundert Meter südwestlich von Schloss Ambras 43, vermutlich Ritter verlustiert. Die Waldlichtung des Tummelplatzes dürfte als Reitplatz für die Schlossgesellschaft gedient haben. Heute ist der Platz eine Stätte der Ruhe und des Gedenkens. Weil das Schloss zwischenzeitlich als Militärlazarett diente, wurde der Platz zum Militärfriedhof umgestaltet.

Der mit einigen hübschen Kapellen bestückte **Soldatenfriedhof** ist dem Gedenken der Kriegstoten von 1797 bis 1945 gewidmet. Die meisten der unzähligen Kreuze erinnern an die im Ersten und Zweiten Weltkrieg Gefallenen. Auf den Bildern Menschen zu sehen, die bereits in jungen Jahren aus dem Leben gerissen wurden, stimmt nachdenklich, macht traurig und verdeutlicht den Wahnsinn des Krieges. Andererseits hat der idyllisch oberhalb Innsbrucks gelegene Ort mit seiner Ruhe und dem Vogelgezwitscher auch etwas Friedvolles.

•102 [fk] **Militärfriedhof,** Tummelplatzweg, ca. 10 Minuten zu Fuß von Schloss Ambras entfernt, Straßenbahnlinie 6, Haltestelle: Tummelplatz

44 Igls und der Patscherkofel ★ [en]

Das zur Stadt Innsbruck gehörende Dorf Igls hat besonders während der Olympischen Winterspiele weltweite Bekanntheit erlangt. Hier fand die Patscherkofel-Skiabfahrt statt und hier befindet sich bis heute die **Olympia-Bobbahn.** Besonders Mutige können sich im Winter sogar nach Anmeldung durch den Eiskanal stürzen.

Der quirlige Touristenort ist auch Ausgangspunkt der **Patscherkofelbahn,** die mit einem Zwischenhalt auf Innsbrucks Hausberg fährt. Im Vergleich zur modernen Nordkettenbahn 34 ist sie eher etwas für „Oldtimer-Freunde“ – etwas in die Jahre gekommen, aber mit Charme. Von der Bergstation aus beginnt mit dem **Zirbenweg** ein abwechslungsreicher und beliebter Wanderweg

EXTRATIPP

Durch den Eiskanal!

Nervenkitzel und eine ordentliche Portion Adrenalin gefällig? In Igls 44 können sich auch Gäste die **Bobbahn** hinunterstürzen. Mit Gästebobs geht es mit einem Höhenunterschied von 100 Metern und einer Geschwindigkeit von 90 km/h durch die 800 Meter des Eiskanals – zehn Kurven und ein Kreisel inklusive. Damit die Gäste sicher ins Ziel kommen, werden sie von Profipiloten auf der ganzen Strecke begleitet. Den Gästebob können alle Personen ab 12 Jahren und einer Größe von 130 Zentimetern buchen. Ein Bob bietet Platz für fünf Personen und einen Piloten. Die Fahrt kostet 30 Euro pro Person. Kontakt und Infos gibt es unter Tel. 33838221 oder bobfahrt@olympiaworld.at.

(s. S. 119), auch ist es zu Fuß nicht mehr allzu weit bis auf den Gipfel des Patscherkofels mit der markanten ORF-Sendeantenne und großartigem Ausblick in die Stubaier Alpen.

Wer ein bisschen Zeit hat, sollte an der Mittelstation **Heiligwasser** aussteigen und in ca. 15 Minuten zur gleichnamigen Wallfahrtskapelle mit heilkräftiger Quelle wandern. Die Kapelle und das dazugehörige Gasthaus wurden umfangreich renoviert und eignen sich als hübsches Ausflugs- und Wanderziel.

› Igls erreicht man von Innsbruck aus mit der Straßenbahnlinie 6 (Mittelgebirgsbahn) über die Station Schloss Ambras. Von der Endstation sind es zu Fuß etwa 10 Minuten zur Patscherkofelbahn (Bilgeristraße 24, www.patscherkofelbahnen.at, Preis für eine Berg- und Talfahrt: 19,50 €, ermäßigt: 16 €, Kinder 10 €, im Preis der Innsbruck Card enthalten).

Entdeckungen im Tiroler Umland

Wer etwas mehr Zeit zur Verfügung hat, sollte unbedingt ein paar Tagesausflüge außerhalb von Innsbruck unternehmen. Im Osten gilt es uralte Dörfer und die mittelalterliche Perle Hall in Tirol zu besichtigen. Außerdem zieht es viele Urlauber in die funkelnden Kristallwelten der Firma Swarovski nach Wattens. Wer etwas mehr Natur und Bergidylle genießen möchte, sollte Richtung Brenner fahren. Ins Wipptal und seine hübschen Seitentäler ist es von Innsbruck aus mit dem eigenen Auto nur ein Katzensprung.

Kriegsgefallenendenkmal auf dem Kalvarienberg von Arzl

45 Arzl ★★★ [fh]

Die alte **Dörferstraße** oberhalb des Inns verbindet Innsbruck mit Hall in Tirol 47. Das einstige Dorf Arzl gehört heute zum Stadtgebiet von Innsbruck, hat sich aber seinen ländlichen Charme erhalten und besitzt einige hübsche alte Bauernhäuser.

Wahrzeichen und Blickfang des Ortes ist der **Arzler Kalvarienberg**, den man im Rahmen eines ca. 10-minütigen Spaziergangs von der Raiffeisenbank aus über die Franz-Wach-Gasse besteigen sollte. Ein Kreuzweg, bestehend aus sieben kleinen offenen Kapellen, welche die Passion Christi darstellen, führt an grasenden Schafen vorbei hinauf zu einer der Schmerzhaften Muttergottes ge-

050in Abb.: se

weihten **Kirche** aus dem 17. Jahrhundert. Östlich der Kirche steht auf dem Hügelplateau ein von einem Adler gekröntes **Kriegsgefallenendenkmal.**

Vom Kalvarienberg aus genießt man einen herrlichen Blick ins östliche Inntal, hinunter auf das Olympische Dorf im Stadtteil Neu-Arzl mit seinen markanten Hochhäusern und nach Südwesten bis in die Stubaier Alpen mit den markanten Gipfeln von Serles und Habicht.

Über Jahrhunderte hielt sich im Volksmund hartnäckig die Legende, dass hier oben einst eine stolze Burg gestanden haben soll. Ebenso hartnäckig wurde dies von Historikern ins Reich der Legende verschoben, bis im Jahr 2004 **archäologische Ausgrabungen** erstaunliche Ergebnisse brachten: Es konnte festgestellt werden, dass der Hügel etliche Funde aus der Bronzezeit aufzuweisen hatte und bereits damals als Aussichtsposten oder Kultplatz fungierte. Überraschenderweise fand man auch Reste einer Mauer am Hangabbruch. Man darf daher annehmen, dass sich der Ortsname Arzl tatsächlich von *arcella* ableitet, was so viel heißt wie kleine Burg.

Alle Geheimnisse wird der geschichtsträchtige Hügel wohl niemals preisgeben. Vielleicht gerade deshalb lohnt ein Besuch dieser vom Tourismus weitgehend verschonten Anhöhe. Einfach den Blick über die Landschaft schweifen und sich vom Geist dieses magischen Ortes einfangen lassen!

› Stadtbuslinie A ab Landesmuseum (27) in Richtung Rum/Sanatorium, Haltestelle Arzl-West

(46) Thaur ★

Thaur ist ein weiterer hübsch gelegener Vorort von Innsbruck. Er ist an der alten **Dörferstraße** gelegen, die sich nördlich oberhalb des Inntalbeckens von Mühlau über Arzl und Rum bis nach Absam bei Hall in Tirol schlängelt. Wie die meisten Dörfer an dieser „Perlenkette" finden sich auch in Thaur Besiedelungsspuren, die bis in die Bronzezeit zurückreichen und auch der Ortsname lässt sich wohl von illyrischen oder rätoromanischen Wurzeln ableiten.

In die einst dörfliche Idylle haben sich die Refugien der Neureichen wie Schwalbennester den Hang hinauf

Entdeckungen im Tiroler Umland

hineingebohrt, unverkennbar am **Architekturmix**, der zwischen Toskanastil, Kitschvilla und hypermodernem Quaderbau beheimatet ist. Trotz dieser sichtbaren, der Nähe zur Landeshauptstadt geschuldeten Veränderungen im Ortsbild haben sich in diesem Dorf mit seinen fünf (!) Kirchen etliche alte, **volkskundlich bemerkenswerte Traditionen** erhalten. So wird beispielsweise in der **Pfarrkirche Maria Himmelfahrt** an Christi Himmelfahrt die Jesusfigur nach alter Tradition in die Höhe gezogen und am Palmsonntag wird eine lebensgroße Jesusfigur samt geschnitztem Esel durch das Dorf und das Nachbardorf Rum gezogen – in dieser Art die einzig erhaltene Palmeselprozession Tirols. Sie führt übrigens auch an der ehemaligen **Schlosskirche** (**Romedikircherl**) vorbei, die hoch über dem Ort thront. Die Kirche erreicht man vom Dorfkern aus über die Stollenstraße, die an einem kleinen Parkplatz endet. Von hier sind es noch weitere 15 Minuten Fußweg. Etwa 100 Meter westlich der Kirche befand sich einst die **Burg Thaur**, eine der mächtigsten Burganlagen des Inntals, von welcher noch einige Ruinenreste vorhanden sind.

Vom Romedikircherl aus, das an das Einsiedlerleben des aus Thaur stammenden heiligen Romedius erinnert, genießt man einen schönen Blick über Hall und Innsbruck, auf den gegenüberliegenden Patscherkofel mit seiner Fernsehantenne und in die Stubaier Alpen hinein. Wer gut zu Fuß ist, kann von hier aus über einen idyllischen **Panoramaweg** in zweieinhalb Stunden bis zur Innsbrucker Hungerburg 34 wandern. Im Sommer finden in Thaur regelmäßig die **Thaurer Schlossspiele** statt (www.schlossspiele.at), im Winter beginnt nach dem Festtag zu Ehren des heiligen Romedius am 15. Januar die Fasnacht mit dem traditionellen **Mullerlaufen.** Das sind Umzüge mit kunstvoll geschnitzten Masken, ein uraltes Brauchtum, das an die Traditionen des Winteraustreibens anknüpft.

› Regionalbuslinie D ab Innsbruck Hauptbahnhof bis Station Thaur Isserbrücke

051in Abb.: se

47 Hall in Tirol ★★★

Wer sich länger als nur ein Wochenende in Innsbruck aufhält, sollte auf keinen Fall einen Ausflug ins nahe gelegene Hall versäumen. Das mittelalterliche Juwel nennt die größte historische Altstadt Tirols sein Eigen. In den verwinkelten Gassen lässt es sich herrlich flanieren, es gilt, die Geheimnisse bedeutender Kirchen zu entdecken, und für Numismatiker gehört der Besuch der Burg Hasegg sowieso zum Pflichtprogramm: Schließlich entstand hier mit der „Münze Hall" der Prototyp des neuzeitlichen Münzwesens.

Egal ob man vom Bahnhof oder von der Inntal-Autobahn startet: Einen Stadtbummel durch das trotz seiner bedeutenden Altstadt überschaubare Hall beginnt man am besten am **Salinenpark** vor der Burg Hasegg (etwa 10 Minuten vom Bahnhof). Dort gibt es auch ausreichend Parkplätze. Wer ca. 50 Meter an der Hauptstraße Richtung Inn stadtauswärts läuft, genießt von der Brücke aus ein schönes Panorama über den Münzerturm, die Altstadt und die Berggipfel im Hintergrund.

Bereits der Salinenpark zeichnet Hall als bedeutende Stadt der Salzgewinnung seit dem Mittelalter aus. Dort steht im Schatten alter Bäume ein Denkmal, das an eine Begegnung des österreichischen Kaisers Franz I. mit dem russischen Zaren Alexander I. im Jahre 1822 erinnert.

Über einen Durchgang gelangt man in die **Burg Hasegg.** Die mittelalterliche Festung stand ursprünglich in enger Verbindung zur Saline. Seine Hochphase erlebte das Gemäuer ab der Mitte des 15. Jahrhunderts unter Erzherzog Sigmund und Kaiser Maximilian I., der es als Habsburger-Residenz ausbauen ließ und den Bau der spätgotischen Georgskapelle in Auftrag gab, die im Rahmen einer Burgführung besichtigt werden kann. Hasegg soll in den nächsten Jahren als **Kulturzentrum** weiter ausgebaut werden. Dann wird hoffentlich auch das seit Jahren im Umbau befindliche **Stadtmuseum** wieder für die Öffentlichkeit zugänglich gemacht, welches Kostbarkeiten aus sieben Jahrhunderten beherbergt – unter ihnen Teile des durch den Ritter Florian Waldauf gestifteten Reliquienschatzes sowie eine Bergwerkskarte aus dem 16. Jahrhundert. Bereits jetzt kann das Museum **Münze Hall & Münzerturm** besichtigt werden. Der Münzerturm, das Wahrzeichen Halls, kann über eine Holztreppe und eine 26 Meter hohe Wendeltreppe bestiegen werden. Das Museum gewährt Einblick in die Geschichte der sich dort seit dem 16. Jahrhundert befindlichen Münzprägestätte, die mit dem ersten Silbertaler gleichzeitig den Vorfahren des Silberdollars hervorgebracht hat. Auch der größte Silbertaler der Welt mit einem Gewicht von über 20 Kilogramm ist zu bestaunen. Daneben bietet das Museum Einblick in die Stadtarchäologie sowie einen Turmfalkenhorst.

Über die Münzergasse gelangt man zum Unteren Stadtplatz und von dort durch einen engen malerischen Durchschlupf über einige Stufen hinauf zur Eugenstraße, von wo man sich nach rechts haltend in wenigen Minuten den Stiftsplatz mit der **Herz-Jesu-Basilika** erreicht. Die ehemalige Damenstiftskirche dient heute den Schwestern vom Orden der

Der Münzerturm von Hall in Tirol

Entdeckungen im Tiroler Umland

EXTRATIPP

Übernachten in Hall in Tirol

Nicht weit von der Autobahn entfernt und gleichzeitig zentrumsnah befindet sich der **Gasthof Badl** (s. S. 126) am Inn. Er bietet 25 individuell gestaltete Zimmer mit einem guten Preis-Leistungs-Verhältnis.

Töchter des Herzens Jesu als Anbetungsstätte, weshalb man im Inneren des Gotteshauses Rücksicht auf die Stille und Würde des heiligen Ortes nehmen sollte. Kunsthistorisch vereinigt die Kirche Elemente aus Renaissance und Barock. Weiter führt der Weg an der **Jesuitenkirche** (Allerheiligenkirche) vorbei. Links in die Rosengasse einbiegend, erreicht man nach etwa 200 Metern das Zentrum der Altstadt mit **Rathaus** und Pfarrkirche **Sankt Nikolaus.**

Letztere ragt mit ihrem ummauerten Friedhofsareal und den Nebenkapellen gleich einer Insel aus der Altstadt heraus und stellt eine wahre Fundgrube für kunsthistorisch interessierte Kirchenliebhaber dar. Das Patrozinium des heiligen Nikolaus, der als Schutzpatron der Händler und Schiffer gilt, unterstreicht die Rolle Halls als wichtigen Handelshafen der **Innschifffahrt.** Die Pfarrkirche selbst ist prachtvoll ausgestattet und ausgemalt. Auf den ersten Blick auffällig ist der charakteristische Knick in der Achse zwischen Langhaus und Chor, der einer früheren Erweiterungsbaumaßnahme geschuldet ist. Zur sehenswerten sakralen Ausstattung zählen unter anderem ein Taufbecken aus dem 14. Jahrhundert mit Spätrenaissance-Aufsatz unterhalb der Orgelempore, mittelalterliche Glasmalereien über dem südlichen Seitenportal mit der Darstellung neun bedeutender Kirchenheiliger – der Drachentöter Georg im Zentrum – sowie eine Christusfigur auf einem rollbaren Palmesel, die bis heute in der Palmsonntagsprozession Verwendung findet.

Prächtig ausgestattet ist die im östlichen Joch des nördlichen Seitenschiffs gelegene **Waldaufkapelle** (Heilige Kapelle). Durch ein kunstfertig gearbeitetes schmiedeeisernes Gitter ist sie als separater sakraler Raum im Kircheninneren deutlich hervorgehoben und beherbergt neben der sogenannten **„Waldauf-Mutter“**, einer spätgotischen Marienfigur, Teile eines der bedeutendsten Reliquienschätze Mitteleuropas: der **Haller Heiltumssammlung.** Der aus Osttirol stammende Ritter Florian Waldauf stiftete die nach ihm benannte Marienkapelle samt ihrer kostbaren Ausstattung, nachdem er in niederländischen Gewässern Ende des 15. Jahrhunderts aus schwerer Seenot gerettet wurde. An der linken Wand befinden sich in Glasschränken die kunstvoll verzierten Schädelreliquien vorwiegend römischer Katakombenheiliger – speziell für Kirchenbesucher aus nichtkatholischen Gegenden eine teilweise etwas verstörend anmutende Knochen- und Totenschädelsammlung.

In die Geisteswelt des Mittelalters eintauchen kann man auch in der **Magdalenenkapelle**, die sich östlich außerhalb der Pfarrkirche befindet. An der Südwand hat sich ein großartiges Wandgemälde mit der **Darstellung des Jüngsten Gerichts** erhalten. Der obere Teil zeigt Jesus umsäumt von Engeln in einer Mandorla, eine Ebene tiefer sind die zwölf Apostel zu sehen. Im unteren Bereich entsteigen nackte Menschen ihren Gräbern, darüber erkennt man die Gerechten und die Verdammten, unter denen sich auf beiden Seiten auch Kardinäle, Päpste und Könige tummeln. Unten rechts verschluckt das Höllenmonster die Verdammten, von denen einige interessanterweise recht gelassen und entspannt in den Schlund zu schreiten scheinen. Es lohnt sich auf jeden Fall, dieses mittelalterliche Weltbild mit seinen facettenreichen Details etwas näher unter die Lupe zu nehmen.

Über den Langen Graben mit etlichen hübschen Geschäften erreicht man von der Pfarrkirche aus schnell wieder den Unteren Stadtplatz und den Salinengarten. Es bietet sich jedoch ein kleiner Umweg über die **Schmiedgasse** an. Die schmucke Kopfsteinpflastergasse ist neben der parallel zu ihr verlaufenden Salvatorgasse ein Paradebeispiel der herrlich erhaltenen Haller Altstadtsubstanz, durch deren Gassenlabyrinth man sich mit dem nötigen Blick für kleine Details am Rande mit Muße treiben lassen sollte.

› Anreise: Vom Innsbrucker Hauptbahnhof aus verkehren regelmäßig Nahverkehrszüge (S-Bahn) nach Hall in Tirol

KLEINE PAUSE

Rathauscafé

Rund um die Nikolauskirche gibt es viel zu besichtigen – da wird es schon mal Zeit für eine kleine Pause. Im Schatten des gegenüber gelegenen alten Rathauses lässt es sich bei einem Cappuccino vortrefflich entspannen. Das alte Gemäuer strahlt auch im Hochsommer eine angenehme Kühle aus.

103 **Rathauscafé Hall,** Oberer Stadtplatz 2, Tel. 0676 7153802, www.rathauscafe-hall.at, geöffnet: tägl. ab 8 Uhr, So. ab 9 Uhr

48 Swarovski Kristallwelten (Wattens) ★★

Daniel Swarowski gründete 1895 im einige Kilometer östlich von Innsbruck gelegenen Wattens sein Unternehmen für geschliffenes Kristall. Was klein begann, hat sich mittlerweile zu einer glitzernden Weltmarke entwickelt. Swarovski-Filialen findet man mittlerweile von New York bis Kairo.

Anlässlich des 100. Gründungsjubiläums entstanden nach den Plänen des österreichischen Liedermachers, Multimediakünstlers und „Märchenerzählers" **André Heller** die Kristallwelten. Sie befinden sich in einem **künstlich gestalteten Hügel.** Den Eingang bildet ein monumentaler, Wasser speiender **Riesenkopf**, der die Besucher quasi in sein Inneres lockt – in seine Glitzerwunderwelt. Bis heute ist der Riese das weithin sichtbare Wahrzeichen von Wattens. Nach mehreren Umbauphasen erstreckt sich die unterirdische Fantasielandschaft auf 8500 Quadratmetern, oberirdisch umgeben von einem Park mit Skulpturen und Labyrinth. Jährlich ziehen die Kristallwelten hunderttausende Besucher an und stellen damit eine der am stärksten frequentierten Sehenswürdigkeiten Österreichs dar.

Das **Reich des Riesen** führt die Besucher durch **14 Wunderkammern.** In der Eingangshalle umgeben Kunstwerke von Salvador Dalí, Niki de Saint Phalle und Andy Warhol den Centenar, seines Zeichens mit über 310.000 Karat der größte geschliffene Kristall der Welt. Auch sein winziges Pendant findet sich hier: ein Kristall mit nur 0,7 Millimetern Durchmesser.

Durch ein mechanisches Theater geht es in das Herzstück der Kristall-

052in Abb.: TVB/Swarovski

welten, den **Kristalldom.** 595 Spiegel erzeugen das Gefühl, sich selbst im Inneren eines Kristalls zu befinden. Weitere Highlights sind das **Kristalloskop**, das größte Kaleidoskop der Welt, und das fantasievolle **Kristalltheater.** Über die sogenannte Kristalligraphie und die Eisgasse gelangt man in die Galerie mit wechselnden **Kunstausstellungen.**

Die Wunderkammer des Riesen erzählt dessen von André Heller im Kindesalter erdachte Fabel und präsentiert den Wanderstab und die Ziehharmonika des Riesen. **„55 Million Crystals by Brian Eno“** ist ein hypnotisches Gesamtkunstwerk aus Musik und Farben, das sich stetig und doch kaum merklich wandelt, ohne sich je zu wiederholen.

Natürlich kann man auch funkelnde Mitbringsel erstehen – in der **Christal Stage** entfaltet sich eine riesige Einkaufslandschaft mit stets neuen Produkten. In den Kristallwelten finden auch ganzjährig Workshops und Sonderausstellungen statt, zusätzlich gibt es eine Kreativwerkstatt und einen Kinderworkshop.

› Kristallweltenstraße 1, 6130 Wattens, Tel. 05224 51080, www.swarovski.com/kristallwelten, geöffnet tägl. 9–18.30 Uhr (24.12. 9–14 Uhr, 31.12. 6–16 Uhr), Eintritt: 11 €, Kinder bis 15 Jahre frei
› Ab Innsbruck Hauptbahnhof fährt ein Shuttlebus um 9, 11, 13 und 15 Uhr, ab Kristallwelten um 11.30, 13.30, 15.30 und 17.30 Uhr. Die Busfahrt (Hin- und Rückfahrt) kostet inklusive Eintritt für Erwachsene 19,50 €, Kinder bis 15 Jahre fahren kostenlos.

⌃ *Der Swarovski-Riese ist das Wahrzeichen der Kristallwelten*

Ausflug in den Westen: Völs, Kematen und Zirl

Nicht nur die Dörfer und Städte im Osten Innsbrucks wie Thaur, Hall und Wattens sind einen Abstecher wert - auch innaufwärts, Richtung Landeck, gibt es viel zu entdecken. Für einen Ausflug zur Martinswand bei Zirl (etwa 10 Kilometer von Innsbruck entfernt) bieten sich Auto oder Fahrrad an. Der ***Inn-Radweg*** *führt stets am Fluss entlang.*

Nach etwa fünf Kilometern erreicht man die Gemeinde ***Völs.*** *Hier lohnt der Besuch zweier Kirchen, die vom Baustil her unterschiedlicher nicht sein könnten: Zum einen die barocke* ***Wallfahrtskirche Sankt Blasius,*** *die auf dem - nach dem katholischen Nothelfer benannten - Blasiusberg thront. Zum anderen die moderne* ***Emmauskirche*** *aus den 1960er-Jahren, deren Architekturstil man so in einem Tiroler Dorf nicht erwarten würde. Das strahlend weiße Gebäude ist durch schräg gestellte Flächen gegliedert und hat durch spitz nach oben gezogene Ecken und ein nach innen hängendes Dach einen kronenartigen Abschluss. Während der Entstehungszeit und auch danach dürfte die gewagte Konstruktion nicht allen Einwohnern behagt haben und bis heute scheiden sich die Geister an dieser so alpen-untypischen Kirche.*

Auf dem Weg Richtung Zirl kommt man als nächstes durch die Gemeinde ***Kematen,*** *deren Kirchturm aus drei übereinanderliegenden Zwiebeln besteht. Von hier sieht man auch schon die am gegenüberliegenden Innufer gelegene Martinswand, die zum Gemeindegebiet von Zirl gehört.*

Die ***Marktgemeinde Zirl*** *liegt am Nordufer des Inns. Das Terrain ist schon seit Urzeiten besiedelt. Unübersehbarer Blickfang des Gemeindegebiets ist die einige Kilometer östlich des Ortskerns gelegene Martinswand, die mehrere Hundert Meter - teilweise leicht überhängend - zum Inntal abfällt. Am Fuß der Wand liegt auf dem vorgelagerten Martinsbühel (Sankt Martinshügel) die Martinsklause mit Kloster und einer alten Kirche, in der Reste mittelalterlicher Fresken (um 1200) zu sehen sind. Angeblich soll es sich bei dem kleinen Gotteshaus um die älteste, noch bestehende Kirche Nordtirols handeln. Geschichtsträchtig ist der Platz allemal: So stand auf dem Areal einst das bedeutende spätrömische Kastell* ***Teriolis,*** *das die Fernverkehrsstraße zwischen Augsburg und Innsbruck (Wilten) kontrollierte. Kaiser Maximilian I. baute sich hier um 1500 ein Jagdschloss und soll sich bei einem seiner Jagdausflüge in der Martinswand verstiegen haben. Noch heute erinnert die* ***Martinswandgrotte*** *(oberhalb des Martinsbühels in der Wand gelegen) an dieses Ereignis. Zur Grotte führt ein Klettersteig (nur für Geübte!). Weitere Sehenswürdigkeiten in Zirl sind die* ***Pfarrkirche*** *mit Fresken des Kirchenmalers Franz Plattner aus dem 19. Jahrhundert und die* ***Burgruine Fragenstein*** *- ein beliebtes Fotomotiv, etwas nördlich des Ortes gelegen.*

Am Brenner

Mit dem Brenner verbinden die meisten Mitteleuropäer den Autobahngrenzübergang zwischen Österreich und Italien. Viele lassen die Gebirgsregion zwischen Bergisel und Brenner links und rechts liegen – vielleicht ein kleines Erinnerungsfoto an der Europabrücke und dann ab in den Süden. Wenngleich Autobahn und Brenner-Staatsstraße vom Verkehr arg in Mitleidenschaft gezogen werden, gibt es dennoch unberührte und herrlich idyllische Flecken nur wenige Minuten abseits der Hauptrouten. Hier zwei echte Geheimtipps sind Sankt Magdalena bei Gschnitz und Maria Waldrast bei Matrei.

49 Sankt Magdalena bei Gschnitz ★★

Wer dem Verkehr auf der Brennerautobahn und der parallel verlaufenden Brenner-Staatsstraße entfliehen möchte, sollte in Steinach am Brenner ins **Gschnitztal** Richtung Trins und Gschnitz abbiegen. Nach wenigen Minuten findet man sich in einem kleinen Seitental wieder, das als relativ unberührt und authentisch bezeichnet werden darf. Da die Straße eine Sackgasse ist, verirren sich nur wenige Fahrzeuge in diesen Winkel. Rechts und links erheben sich die mächtigen Gipfel der **Stubaier Alpen.** Am Ende des Tals dominiert mit dem 3277 Meter hohen Habicht einer der mächtigsten Gipfel Tirols das Gebirgspanorama. Von geübten Bergsteigern kann er über die Innsbrucker Hütte im Rahmen einer Zweitagestour bezwungen werden.

Das hier beschriebene Ziel liegt mit seinen 1666 Metern im Vergleich zum mächtigen 3000er zwar nur auf halber Höhe, ist aber nicht minder reizvoll. Im Gegenteil: Viele halten die **Magdalenenkapelle** mit der dazugehörigen **Jausenstation** für eines der schönsten Fleckchen Tirols – für einen wahren **Kraftplatz** abseits von Hektik und Zivilisationslärm, der auch Vertreter der esoterischen und naturreligiösen Szene aus entfernten Ecken der Erde anzieht. Eines ist sicher: Es gibt kaum einen Platz in Tirol, der auf so liebevolle Art und Weise Spiritualität und Volksfrömmigkeit, mittelalterliche Kunst- und Glaubensvorstellungen, unberührte Natur und Tiroler Gastlichkeit in Einklang bringt. Ein Ort der Muße und Entspannung für Leib und Seele!

Die Wanderung beginnt am Gschnitzbach, den man noch vor dem eigentlichen Ortsbeginn über eine Brücke quert. Von dort aus steigt man in einer guten Stunde den Bergwald hinauf, begleitet von einem Kreuzweg mit 14 Stationen – neben seiner religiösen Aussage auch von Orientierungswert, was die zurückgelegte Strecke betrifft. Schließlich verlässt man den Wald und nach wenigen Minuten entlang markanter Felszacken über dem Kopf wird man an der Außenmauer des Kirchleins von der heiligen Maria Magdalena begrüßt. Sowohl zur Jausenstation als auch in die Kirche gelangt man über einen dunklen Durchgang. Sobald sich die Augen an die Lichtverhältnisse gewöhnt haben, präsentiert das Kircheninnere lebendige mittelalterliche **Freskenmalereien** aus der Heiligenlegende der Schutzpatronin, ein beeindruckendes Altarkreuz sowie eine Liegefigur der Maria Magdalena mit einem kleinen Teufelchen zu ihren Füßen. Die Kirche strahlt eine starke Ruhe und Geborgenheit aus und wird auch von vielen Besuchern als Ort des Gebets, der stillen Einkehr

und der Meditation genutzt. Daneben finden hier oben hin und wieder auch kirchliche Feste wie Taufen statt und selbst Hochzeitspaare scheuen nicht den mühevollen Anstieg, um sich an diesem dem Himmel so nahen Ort das Jawort zu geben.

Da Körper und Seele bekanntlich eine Einheit bilden, darf natürlich eine Tiroler Stärkung nicht fehlen. Dafür sorgt Peter Pranger, seit vielen Jahren Pächter der **Jausenstation**, der Tiroler Speck, Käse und kleine warme Gerichte zubereitet. Etwas oberhalb der Blumen- und Kräuterwiese stellt er für seine Besucher auch einen **Klettergarten** (Schwierigkeitsgrad 3–6) zur Verfügung und Gruppen bis zu 10 Personen können gegen Voranmeldung sogar übernachten – auf Komfort muss man allerdings verzichten: Derzeit gibt es noch kein fließendes Wasser und die Toilette befindet sich einige Meter abseits der Hütte.

Nachdem man noch einmal den Blick über die fantastische Gipfelwelt der 2000er und 3000er hat schweifen lassen, zweigt der Rückweg (Kreuzweg) nach wenigen Minuten über einen kleinen Bergbach mit kristallklarem Wasser in Richtung Gschnitz (Ortsmitte) ab. Über Wurzeln und durch hübschen Bergwald geht es bis zu einer Forststraße, über die man sich nach rechts haltend wieder zum Ausgangspunkt am Gschnitzbach gelangt.

104 Jausenstation Sankt Magdalena,
Tel. 0043 6642432580,
geöffnet: Juni–Oktober

Kirchenkleinod abseits der Touristenströme: Sankt Magdalena bei Gschnitz

50 Maria Waldrast bei Matrei ★★

Auf über 1600 Metern befindet sich das **Servitenkloster Maria Waldrast.** Man erreicht es von Matrei/Mühlbachl aus entweder zu Fuß über einen Pilgerweg oder mit dem Auto über eine Mautstraße (5 €). Dem Platz scheint schon in vorchristlicher Zeit eine besondere Bedeutung zugekommen zu sein: So findet sich etwas unterhalb des Klosters eine möglicherweise **kultisch genutzte Steinformation** mit Schalenstein und auch das bis heute hoch geschätzte **Quellwasser** dürfte ebenfalls schon in grauer Vorzeit gesprudelt sein. Daneben deutet die **Gründungssage** des Klosters auf einen alten Baumkult hin: Zwei Hirtenknaben entdeckten im Jahre 1407 ein aus einer Lärche herauswachsendes Muttergottesbild und brachten es in die Pfarrkirche nach Matrei. Kurz darauf – nachdem ein Holzknecht durch Stimmen und die wundersame Erscheinung einer Frau mit Kind dazu aufgefordert wurde – hat man am Fundort des Gnadenbildes eine Wallfahrtskirche errichtet. Bis heute kann man die **Waldraster Muttergottes** mit ihrem markanten Gesichtsausdruck in der Klosterkirche am Altar bewundern. Wunder sind übrigens seit dem Mittelalter bezeugt und in einer Seitenkapelle zeigt sich anhand unzähliger **Votivgaben** die bis heute ungebrochene Verehrung in der Tiroler Bevölkerung. Selbst die Auflösung des Klosters durch Kaiser Joseph II. und die zwischenzeitliche Schließung durch die Nationalsozialisten konnten daran nichts ändern. Regelmäßig finden Nachtwallfahrten nach Maria Waldrast statt.

Niemand sollte es bei einem Besuch versäumen, vom herrlich kühlen Nass der **Waldrastquelle** zu kosten, das aus dem Brunnen neben dem Kloster sprudelt. Etwas oberhalb des Klosters befindet sich die Auffindungskapelle. Für all jene, die noch höher hinaus wollen: Vom Parkplatz aus kann man in etwa drei Stunden den Gipfel der sagenumwobenen **Serles** besteigen – mit seiner Pyramidenform einer der markantesten Aussichtsberge Tirols mit Blick auf Innsbruck und die Nordkette, auf Habicht, Stubaier und Ötztaler Alpen und bei guter Sicht bis zum Großglockner und in die Dolomiten. Die Bergtour durch Lärchenwald, Latschenkiefern, über bunte Alpenblumenwiesen sowie über Fels und Schotter ist allerdings nur Bergsteigern mit Trittsicherheit und guter Kondition zu empfehlen. Egal ob man von Matrei hinauf wandert oder von der Serles zurückkommt: Neben dem erquickenden Brunnenwasser halten die Servitenbrüder im **Klostergasthof** auch Brotzeiten und warme Gerichte zur Stärkung bereit. Außerdem bietet das Kloster Fremdenzimmer an. Im Winter sorgt eine **Rodelbahn** ins Wipptal nach Mühlbachl für Gaudi im Schnee.

› Klostergasthof Maria Waldrast, Mützens 37, 6143 Mühlbachl, Tel. 05273 6219, www.mariawaldrast.eu

Praktische Reisetipps

054in Abb.: se

An- und Rückreise

Mit dem Flugzeug und dem Fernbus

Bereits beim Anflug auf den im Westen der Stadt liegenden **Innsbrucker Flughafen** hat man einen spektakulären Blick auf die Stadt und die umliegenden Berggipfel. Deutsche Maschinen kommen täglich aus Frankfurt an und mehrmals wöchentlich aus Düsseldorf und Berlin. Österreichische Flieger aus Wien landen in Innsbruck ebenfalls täglich.

Wer in **München** landet, muss noch einige zusätzliche Stunden Bahnfahrt einkalkulieren oder nutzt die neue Direktverbindung mit dem **Fernlinienbus:** Mit MeinFernbus (Linie 040) kommt man vom Münchner Flughafen fünfmal täglich nach Innsbruck und retour. Der Sparpreis beträgt 11 € pro Fahrt und ist bei Buchung im Internet erhältlich.

Zusätzlich zur Airport-Verbindung bietet MeinFernbus vom Zentralen Omnibus Bahnhof auch einen Direktanschluss München – Innsbruck an. Das heißt, dass Gäste aus Deutschland, die die Busanreise von vielen deutschen Städten wie Berlin, Hamburg, Leipzig, Frankfurt usw. aus wählen, auch vom ZOB direkt und schnell nach Innsbruck gelangen.

› **Flughafen Innsbruck,** Fürstenweg 180, 6020 Innsbruck, Tel. +43 0512 225250, www.innsbruck-airport.com

‹ Vorseite: Bergsteiger kommen rund um Innsbruck voll auf ihre Kosten

› Die Autobahn streift Innsbruck unterhalb des Bergisels

Mit dem Auto

Als wichtigen europäischen Autobahnknotenpunkt erreicht man Innsbruck über große Fernverkehrslinien. Von Deutschland aus über die **Inntalautobahn** (A93), die am Inntal-Dreieck bei Rosenheim von der A8 München-Salzburg abzweigt und ab Kufstein als A12 geführt wird. Hinter Innsbruck führt diese Autobahn weiter in Richtung Vorarlberg und Schweiz. Von Südtirol aus kommt man über die **Brennerautobahn** (A13) nach Innsbruck.

Von **München** erreicht man Innsbruck auch über die A95 Richtung Garmisch-Partenkirchen und danach auf der Passstraße über Mittenwald (E533). Diese Strecke ist zwar von den Kilometern, aber nicht unbedingt zeitmäßig kürzer als die Autobahnroute über Rosenheim und Kufstein.

Auf **österreichischen Autobahnen** herrscht eine **Höchstgeschwindigkeit** von 130 km/h. Außerdem benötigt man eine **Autobahnvignette** (s. S. 108), die man auch schon in Deutschland und der Schweiz an Tankstellen erhält sowie an Verkaufsstellen an der Grenze.

Mit dem Zug

Die wichtigste Zugverbindung nach Deutschland führt über Kufstein Richtung Rosenheim und von dort entweder in Richtung München oder Salzburg und Wien. Von Italien erreicht man Innsbruck von Verona und Bozen her kommend über den Brenner. Nach Westen verkehren Züge in Richtung Bregenz und Zürich. Alle Züge kommen am vor einigen Jahren komplett neu gestalteten **Hauptbahnhof** 30 an, der sich im Südwesten der Innenstadt befindet. Die Alt-

stadt ist vom Hauptbahnhof aus auch zu Fuß zu erreichen. Von dort verkehren auch etliche S-Bahn-Linien ins Tiroler Umland.

› **Infos:** www.oebb.at, www.bahn.de. Wer mit Nahverkehrszügen von München oder Salzburg über Kufstein anreisen möchte, wird mit dem Meridian befördert. Unter diesem Namen hat die Bayerische Oberlandbahn (BOB) den Nahverkehr in Südostoberbayern von der DB übernommen: www.der-meridian.de.

Autofahren

Generell ist man in Innsbruck **nicht auf das eigene Fahrzeug angewiesen.** Fast alle in diesem Reiseführer beschriebenen Sehenswürdigkeiten sind mit öffentlichen Verkehrsmitteln zu erreichen – die meisten Sehenswürdigkeiten in der Innenstadt und Altstadt können sogar zu Fuß abgeklappert werden.

Das nahe Innsbruck gelegene Städtchen Hall in Tirol 47 wird mehrmals täglich von **Nahverkehrszügen** angesteuert, zu den Swarovski Kristallwelten 48 fährt ein **Shuttlebus.** Lediglich für die beschriebenen Ziele am **Brenner** sowie für Bergsteiger, die entlegene Täler ansteuern, ist ein eigenes Auto von Vorteil. Skifahrer werden im Winter von Bussen in viele nahe gelegene Skigebiete gebracht.

Generell herrscht in Innsbruck ein flüssiger und wenig aggressiver Fahrstil. Aufmerksamkeit am Steuer ist allerdings geboten. Das Straßennetz ist im Gegensatz zu Salzburg klar und gut strukturiert. Wer die Autobahn A12 bei der **Ausfahrt Innsbruck-Mitte** verlässt, erreicht über die Olympiastraße und den Hauptbahnhof schnell die Innenstadt.

Falls man sein Auto längere Zeit kostenfrei abstellen möchte, sollte man den gesamten kostenpflichtigen Innenstadtbereich meiden und einen der Außenbezirke wie Reichenau oder Pradl ansteuern, wobei auch dort teilweise Parkbeschränkungen bestehen. Die gesamte **Altstadt** ist für **den Verkehr gesperrt.** Am nördlichen Innufer entlang führt eine wichtige Verkehrsverbindung von Hall kommend vorbei am Innsbrucker Zentrum und an der Innbrücke bis zum Flughafen und weiter Richtung Zirl.

- **Autobahnvignette:** In Österreich muss man beim Befahren fast aller Autobahnen eine Vignette an die Frontscheibe kleben. Sie ist bei Automobilklubs oder an Raststätten und Tankstellen im Grenzgebiet erhältlich, beispielsweise an der Tankstelle vor dem Grenzübergang Kiefersfelden – Kufstein. Die Jahresvignette kostet 82,70 €, die 2-Monats-Vignette 24,80 € und die 10-Tages-Vignette 8,50 € (Motorräder: 32,90 €/12,40 €/4,90 €).
- **Brenner-Autobahn (A13):** Die Autobahn von Innsbruck zur italienischen Grenze ist eine Sondermautstrecke. Für Autos und Motorräder gilt hier keine Vignettenpflicht, stattdessen muss für eine einfache Strecke 8,50 Euro bezahlt werden. Wer die Autobahn an der Ausfahrt Schönberg verlässt, zahlt deutlich weniger. Die Bundesstraße zum Brenner ist kostenfrei.
- **Warnweste:** In Österreich müssen Automobillenker eine Warnweste mitführen, die an Tankstellen und Raststätten sowie bei Automobilklubs erworben werden kann.
- **Geschwindigkeitsbegrenzungen:** In Ortschaften 50 km/h, außerorts 100 km/h, auf Autobahnen 130 km/h
- **Pannennotrufnummer ÖAMTC:** Tel. 120
- **Tanken:** Die Benzinpreise in Österreich sind etwas günstiger als in Deutschland. Es gibt alle üblichen Spritsorten mit Ausnahme des Kraftstoffs E10.

Parken

Im Innenstadtbereich gibt es etliche Parkhäuser. Die Parkgebühr beträgt pro Stunde 2,40 €. Der Tagestarif beträgt zwischen 15 und 18 €.

P105 [B3] **Altstadtgarage,** Innrain 4
P106 [E5] **Bahnhofsgarage,** Südtiroler Platz 5
P107 [D2] **Congress Garage,** Rennweg 3
P108 [D5] **Garage Landhausplatz,** Wilhelm-Greil-Straße 23
P109 [D4] **Garage Kaufhaus Tyrol,** Wilhelm-Greil-Straße 10

056in Abb.: se

Barrierefreies Reisen

Innsbruck und seine Feriendörfer bieten Menschen mit Behinderungen eine Vielzahl an Möglichkeiten, um einen angenehmen Urlaub zu verbringen. Seitens der Stadt ist man in den vergangenen Jahren in die Offensive gegangen und hat Angebote für Menschen mir Handicap geschaffen: So gibt es unter anderem eine Stadtrunde durch Innsbruck für Rollstuhlfahrer oder stark Gehbehinderte. Den Beginn der **Rollstuhlroute** bildet die Hofburg (10), da sich am Rennweg die zentralsten Behindertenparkplätze befinden. Zwar wird empfohlen, eine Begleitperson mitzunehmen, die in den Museen die Eingänge für Rollstühle öffnen lässt, es ist aber auch möglich, mittels eines Mobiltelefons mit den in dieser Route angegebenen Telefonnummern in den jeweiligen Museen anzurufen. Den Verlauf der Route findet man im Internet unter www.innsbruck.info/intermaps/innsbruck-barrierefrei.

Auf der Internetseite der **Touristinformation** (s. S. 111) findet man auch Informationen, inwiefern die einzelne Sehenswürdigkeiten für Menschen mit Behinderung zugänglich sind. Alle Tiroler Landesmuseen sind für Rollstuhlfahrer bequem zu besuchen, die Hofburg wurde sogar mit dem „Goldenen Rollstuhl" ausgezeichnet.

Auch **Einkaufen** ist in der Innstadt problemlos möglich: Speziell die großen Kaufhäuser wie das Kaufhaus Tyrol oder die RathausGalerien sind bestens ausgestattet. Bei Letzteren sind alle Geschäfte sowie die behindertengerechten Toiletten ebenerdig erreichbar, zur Tiefgarage gelangt man problemlos mit dem Lift.

Etwas komplizierter verhält es sich teilweise mit den kleinen Geschäften in der Altstadt: Manche sind nur über Stufen erreichbar, in den Altstadtlauben wurden aber etliche Rampen verlegt.

Eine Auflistung von **Behindertenparkplätzen** erhält man unter folgendem Link: www3.innsbruck.info/verband/pdf/parkplaetze_barrierefrei.pdf. Auch ein behindertengerechtes **Taxi** existiert und kann unter Tel. 0650 5533987 bestellt werden. Barrierefreie **Unterkünfte** hat die Touristinformation ebenfalls im Rahmen eines PDFs aufgelistet: www3.innsbruck.info/verband/pdf/hotels.pdf.

Auch ein **Info-Wanderweg für Blinde** wurde eingerichtet. Nähere Infos unter: www.urlaubfueralle.at.

› **Weitere Informationen** zum Thema Barrierefreiheit bietet die Website www.tirol.at/barrierefrei. Telefonische Informationen gibt es bei Innsbruck Tourismus, Tel. 0512 598500.

‹ „Unsichtbare Verkehrsströme" in Anbruggen an der Innbrücke

057in Abb.: fo©Chrew18

› Menschen mit Handicap müssen Innsbruck als Reiseziel nicht scheuen

Diplomatische Vertretungen

- •110 [C4] **Honorarkonsulat der Bundesrepublik Deutschland,** Maria-Theresien-Straße 23, Tel. 5701990
- •111 [E6] **Schweizer Konsularagentur,** Heiliggeiststraße 16, Tel. 53701500

Geldfragen

Die **Preise** in Innsbruck sind zwar nicht niedrig – sie bewegen sich innerhalb Österreichs auf einem ähnlichen Niveau wie in Wien und Salzburg und sind vergleichbar mit süddeutschen Städten wie München oder Stuttgart – im Unterschied zu Schweizer Städten wie Sankt Moritz oder Zürich ist Innsbruck allerdings ein günstiges Reiseziel. In der Regel bekommt man in Tirol für sein Geld zudem auch **ordentliche Qualität** – insbesondere im Gastronomie- und Hotelgewerbe.

Seit vielen Jahren hat der Schilling ausgedient und man kann bequem mit **Euro** bezahlen. Die kleinen **österreichischen Münzen** haben als Motiv den Enzian (1 Cent), das Edelweiß (2 Cent) und die Alpenschlüsselblume (5 Cent). Die mittleren Münzen sind der Architektur gewidmet: Stephansdom (10 Cent), Schloss Belvedere

Innsbruck preiswert

*Mit dem **Kombiticket der Tiroler Landesmuseen** kann man zum Preis von 10 € (7 € ermäßigt, 20 € Familienkarte) alle Landesmuseen besuchen: Das Ferdinandeum 27, die Hofkirche 12, das Volkskunstmuseum 11, das Zeughaus 18 und das Tirol Panorama 39. Wem letzteres Museum genügt, kann mit dem **Bergisel-Kombiticket** für 13 € zusätzlich auch die Bergiselschanze 40 besichtigen. Das Kombiticket ist in allen Landesmuseen erhältlich, das Bergisel-Kombiticket am Kassenhäuschen der Skisprungschanze und im Tirol Panorama. Außerdem erhält man die Eintrittskarten auch beim Ticketservice der Tourist-Information am Burggraben (s. S. 111). Wer neben den Museen auch die eine oder andere Seilbahn benutzen möchte, für den lohnt sich die **Innsbruck Card** (s. S. 32), die man für 24, 48 oder 72 Stunden erwerben kann und die einem fast alle Türen öffnet.*

*Wer günstig **übernachten** möchte, ist beim Campingplatz Kranebitterhof, in der Jugendherberge, im Kolpinghaus Innsbruck oder auch in diversen günstigen Pensionen richtig (s. S. 126). Wer kein Problem damit hat, dass Bad und WC auf dem Gang sind, kann den Zimmerpreis teilweise deutlich senken.*

*Die **Gaststätten** in Innsbruck sind größtenteils nicht überteuert – auch in der Altstadt wird man nicht über den Tisch gezogen. Etliche Wirtshäuser bieten günstige Mittagsmenüs, Bäckereien und Imbissstuben haben günstige Snacks im Angebot. Wen im Sommer der Durst quält, der muss nicht unbedingt einkehren: Aus etlichen **Stadtbrunnen** wie unterhalb des Goldenen Dachls 5, an der Annasäule 22 oder am Mundingplatz 8 sprudelt das erfrischende Innsbrucker Bergquellwasser – das schmackhafteste Österreichs, wie manche sagen.*

(20 Cent) und Wiener Secessionsgebäude (50 Cent). Auf der Ein-Euro-Münze ist das Porträt des Komponisten Wolfgang Amadeus Mozart abgebildet, die Zwei-Euro-Münze ziert die Pazifistin und Friedensnobelpreisträgerin Bertha von Suttner.

Mit dem **Wiener Philharmoniker** existiert auch eine Goldmünze als Anlagemünze, die in größeren Bankhäusern erworben werden kann (auch als Halb- oder Viertel-Philharmoniker).

Informationsquellen

Infostellen zu Hause

- **Österreich Werbung Deutschland,** Klosterstraße 64, 10179 Berlin, Tel. 030 2191480, geöffnet: Mo.–Fr. 9–17 Uhr, www.austria.info/de_b2b
- **Urlaubsservice der Österreich Werbung,** Tel. 00800 40020000 (kostenfreie Nummer aus Deutschland, Österreich und der Schweiz), www.austria.info, Prospekte können unter „Service" bestellt werden.

Infostellen in der Stadt

112 [C4] **Touristinformation Innsbruck,** Burggraben 3, Tel. 0512 53560, www.innsbruck.info, geöffnet: tägl. 9–18 Uhr. Die jungen Damen und Herren vor Ort beraten sehr freundlich und nehmen sich Zeit für Fragen und Wünsche.

- **Touristinformation im Hauptbahnhof** 30, im Untergeschoss der Schalterhalle, geöffnet: tägl. 8–18 Uhr
- **Info-Point im Hauptbahnhof,** Tel. 0512 930001722. Hier erfährt man Details zu den Zugverbindungen, zu Fahrplanabweichungen, Schienenersatzverkehr usw. Außerdem gibt es aus erster Hand Informationen über Besonderheiten und Einrichtungen, von Taxis über Sanitäranlagen bis zur „Kunst am Bahnhof".
- **Ticketverkauf:** in der Touristinformation am Burggraben oder unter www.innsbruck-shop.com
- **Fundstelle Lost & Found** im Hauptbahnhof, Tel. 0512 9300022222

•**113** [C4] **Fundamt Innsbruck,** Fallmerayerstraße 2, Tel. 0512 53601010, www.fundamt.gv.at, geöffnet: Mo.–Fr. 8–13 Uhr

EXTRATIPP

Gratis Zeitung lesen

In den österreichischen **Cafés** (s. S. 23) hängen üblicherweise die aktuellen Tageszeitungen aus, so auch in Innsbruck. Bei einer Tasse Kaffee kann man sich in aller Ruhe ein Bild über die österreichische Medienlandschaft machen und erfährt dabei, was die Alpenrepublik gerade bewegt.

Die Gratisausgabe der Tiroler Tageszeitung TT kompakt findet man am Hauptbahnhof, in den Zügen der ÖBB, in öffentlichen Verkehrsmitteln und an den Unis.

An der Universität Innsbruck studieren Menschen aus aller Welt

059in Abb.: se

Die Stadt im Internet

- **www.innsbruck.at:** Offizielle Internetseite der Stadt Innsbruck. Sie unterteilt sich in einen Bereich für die Administration (www.innsbruck.gv.at), einen Tourismusbereich (www.innsbruck.info) sowie einen Service zur Eventsuche (http://innsbruck.eventsuche.com/)
- **www.innsbruck.info:** Wichtige Informationsseite, auf der ein umfangreiches Service-Angebot für Touristen aufgelistet ist: allgemeine Informationen, Hotelbuchung, Pauschalen, Vergünstigungen, Essen und Trinken, Anreise, Verkehrsmittel, Parkplätze, Karten und Pläne.
- **http://innsbruck.eventsuche.com:** Servicebereich zur Eventsuche
- **http://all-inn.at:** Informationsportal zu den Themen News, Freizeit und Kultur, Sport und Action, Essen und Trinken, Nachtleben und Hostels
- **www.tt.com:** Internetauftritt der Tiroler Tageszeitung mit tagesaktueller Innsbruck-Berichterstattung

Innsbruck-Apps

Shopping, öffentliche Verkehrsmittel, Sehenswürdigkeiten, Veranstaltungen und vieles mehr – die **Innsbruck App** wurde speziell für Besucher der Stadt am Inn entwickelt. Dank *augmented reality* ist es möglich, beim Bewegen der Handykamera über eine Sehenswürdigkeit sofort alles Wissenswerte dazu zu erfahren. Daneben gibt es Empfehlungen für Einkaufsmöglichkeiten, Restaurants oder Veranstaltungen, die in Zukunft noch mit Bezahl- und Ticketfunktion erweitert werden sollen.

Die Anbindung an relevante Datenbanken macht auch das Suchen und

Meine Literaturtipps

- ***Im Alphabet der Häuser, Roman einer Stadt,*** *Christoph W. Bauer, Haymon Verlag. Ein unterhaltsamer und raffiniert erzählter Bummel durch 500 Jahre Innsbrucker Stadtgeschichte. Mithilfe dieses auf Fakten beruhenden Romans kann man sich selbst auf spannende Spurensuche in den Hinterhöfen und Kellern der alten Häuser machen.*
- ***Rother Wanderführer: Rund um Innsbruck,*** *Walter Klier. Nützlicher Begleiter, um die Bergwelt rund um die Alpenmetropole zu erforschen, ohne sich zu verirren. Leichte und anspruchsvolle Wanderungen werden durch Hintergrundinformationen und Einkehrtipps ergänzt.*
- ***Innsbruck. Ein literarischer Stadtführer,*** *Iris Kathan, Christiane Oberthanner, Haymon Verlag. Mit den Augen berühmter Literaten wie Johann Wolfgang von Goethe, Heinrich Heine, Hans Christian Andersen oder Thomas Bernhardt Innsbruck entdecken.*
- ***Die Wolkenbraut,*** *Jeannine Meighörner, Haymon Verlag. Gut recherchierter historischer Roman rund um das spannende Leben der Augsburger Bürgerstochter Philippine Welser auf Schloss Ambras, in dem der historisch nachgewiesene Hofzwerg Thomele riesenhafte Bedeutung erlangt.*
- ***Das Innsbrucker Sagenbuch,*** *Berit Mrugalska, Wolfgang Morscher, Tyrolia. „Sagenhafter" Reiseführer* *(s. S. 80)**.*

Buchen touristischer Pakete möglich – von zu Hause oder von unterwegs aus. Die App funktioniert auch offline, für Tablet-Nutzer gibt es eine mobile Website (http://m.innsbruck.info/index.php/de/).

- Innsbruck (kostenlos für iOS und Android)

Weitere Apps

- **nextstop Innsbruck:** Nützliche elektronische Fahrplanauskunft der Innsbrucker Verkehrsbetriebe (IVG) für den öffentlichen Personennahverkehr (kostenlos für iOS, Android und BlackBerry)
- **Pocket Innsbruck:** Direktauskunft zu Bus – und Straßenbahnabfahrtszeiten und zum aktuellen Kinoprogramm sowie Gastrotipps und Taxi-Service (kostenlos für Android)
- **FC Wacker Innsbruck:** Für Fans des Tiroler Fußballvereins und solche, die es werden wollen. Unter anderem gibt es Infos zu den aktuellen Heimspielen (kostenlos iOS und Android).

Publikationen und Medien

- **Tiroler Tageszeitung:** 1945 als Nachfolgerin der Innsbrucker Nachrichten gegründet, ist die Tiroler Tageszeitung die am weitesten verbreitete Tageszeitung in Tirol. Sie ist sowohl als Kaufzeitung als auch als kostenlose Gratiszeitung TT kompakt erhältlich.
- **Tiroler Krone:** Österreichs beliebteste Boulevardzeitung ist auch in Innsbruck präsent – mit speziell auf Tirol zugeschnittenen Themen.
- **Tirol-Kurier:** Österreichische Tageszeitung mit Tirol-Berichterstattung.
- **6020 Stadtmagazin Innsbruck:** Seit 2001 erscheint 6020 als Magazin für junge Menschen in Innsbruck und Umgebung. Als Gratismagazin findet man es

jeden Monat neu in zahlreichen Entnahmeboxen an den IVB-Bushaltestellen (www.6020online.tv).

- **20er:** Tiroler Straßenzeitung, die von Menschen in sozialen Schwierigkeiten verkauft wird. Sie kostet zwei Euro, ein Euro geht an den Verkäufer (www.zwanzger.at).

Internet und Internetcafés

Fast alle großen Hotels bieten mittlerweile kostenloses **WLAN** und auch Pensionen ziehen nach. Auch etliche öffentliche Einrichtungen wie Restaurants oder Cafés besitzen WLAN-Hotspots. Dadurch und durch die Verbreitung von Smartphones sterben Internetcafés langsam aus.

@114 [C4] **Café-Bar Moderne,** Maria-Theresien-Straße 16, Tel. 584848, www.moderne.at, drei Internetplätze, sechs Minuten kosten 75 Cent

Medizinische Versorgung

Die **Europäische Krankenversicherungskarte EHIC** ersetzt seit 2004 den Auslandskrankenschein. Mit ihr kann man in Österreich medizinische Versorgung in Anspruch nehmen. Die anfallenden Kosten werden von der gesetzlichen Krankenkasse des Patienten erstattet. Eine **Vorkasse** ist generell nicht nötig, wird aber in Einzelfällen dennoch verlangt. Die Karte ersetzt auch keine **Auslandsreisekrankenversicherung,** da vor allem der Krankenrücktransport in die Heimat nicht mitversichert ist. Deshalb ist der Abschluss einer Zusatzversicherung für den Auslandsaufenthalt überlegenswert.

⊕115 [A5] **Landeskrankenhaus und Universitätskliniken Innsbruck,** Anichstraße 35, Tel. 0512 5040, Rettung: 144, www.tilak.at. Tirols größtes Krankenhaus ist rund um die Uhr auf Notfälle aller Art eingerichtet. Besonders im Winter werden hier Skiunfälle am Fließband verarztet.

Apotheken sind in Innsbruck über das gesamte Stadtgebiet verteilt. Online findet man unter www.apothekenindex.at Apotheken in der Nähe.

⊕116 [E5] **Bahnhof-Apotheke,** Südtiroler Platz 5–7, Tel. 586420

⊕117 [C4] **St. Anna Apotheke,** Maria-Theresien-Straße 4, Tel. 585847, www.apotheke-innsbruck.at

Mit Kindern unterwegs

Verglichen mit anderen Großstädten ist Innsbruck ein dankbares Reiseziel für Eltern mit Kindern. Die **Natur** und die **Berge** vor der Nase laden zum Herumtollen ein, in der Stadt selbst gibt es etliche **Spielplätze,** beispielsweise im zentral gelegenen Hofgarten (13).

Ein besonderes Erlebnis ist ein Besuch im einzigartigen **Alpenzoo** (33): Auf dem Schaubauernhof kann der Nachwuchs Tiere hautnah erleben und auf dem Bärenspielplatz oder an der Kletterwand kann man sich nach der Tierbeobachtung vortrefflich austoben.

„Auf den Spuren von Ritters- und Wandersleuten“ lässt sich in den Innsbrucker **Museen** Geschichte auch für den Nachwuchs spannend erleben. Allen voran **Schloss Ambras** (43), das das ganze Jahr über am Samstagnachmittag um 14.30 Uhr vielfältige Themenführungen bietet: Kinder ab 5 Jahren können in klei-

ne Ritterrüstungen schlüpfen, ab 9 Jahren kann man am „Leben wie ein Fürst“ teilnehmen. In der Führung „Hexenkraut und Zaubertrank“ werden historische Fabeltiere wie Einhorn und Hydra ebenso vorgestellt wie das von Anna Welser geschriebene Arzneimittelbuch.

Etliche familiengerechte **Wanderungen** im Umland laden dazu ein, die Stadt für einen Tag zu verlassen, beispielsweise der Zirbenweg (s. S. 119) auf dem Patscherkofel oder der Innsbrucker Almenweg durch das Mittelgebirge.

EXTRAINFO

Ausweis für Kinder

Seit 2012 benötigen auch Kinder von 0 bis 16 Jahren für eine Auslandsreise **eigene Ausweispapiere** (Kinderreisepass/Reisepass) mit einem aktuellen Foto. Der Eintrag im Pass der Eltern ist nicht länger gültig.

Innsbrucker Isegrim: die Wölfe im Alpenzoo 33 begeistern Jung und Alt

Notfälle

- **Notruf:** Tel. 112
- **Polizei:** Tel. 133
- **Feuerwehr:** Tel. 122
- **Rettung:** Tel. 144
- **Alpinnotruf:** Tel. 140
- **Notruf für Gehörlose:** Tel. 0800 133133
- **Ärztefunkdienst:** Tel. 141
- **Frauennotruf:** Tel. 0171719
- **Vergiftungsinformationen:** Tel. 014064343
- **Tierärztliche Wochenenddienste:** www.tirol.gv.at/gesundheit-vorsorge/veterinaer/wochenenddienste/
- **ÖAMTC-Notdienst** (Österreichischer Automobilklub): Tel. 120

118 [E2] **Stadtpolizeikommando Innsbruck,** Kaiserjägerstraße 8, Tel. 059 133752222

Kartenverlust

Bei Verlust der Maestro-(EC-) oder der Kreditkarte gibt es für Kartensperrungen eine **deutsche Zentralnummer** (bitte vor der Reise klären, ob die eigene Bank diesem Notrufsystem angeschlossen ist).

In **Österreich** und der **Schweiz** gibt es keine zentrale Sperrnummer, daher sollten sich Besitzer von in diesen Ländern ausgestellten Maestro-(EC-) oder Kreditkarten bei ihrem Kreditinstitut über den zuständigen Sperrnotruf informieren.

Generell sollte man sich immer die **wichtigsten Daten** wie Kartennummer und Ausstellungsdatum separat notieren, da diese unter Umständen abgefragt werden.

› **Deutscher Sperrnotruf:** Tel. 116116
› **Weitere Infos:** www.kartensicherheit.de, www.sperr-notruf.de

Öffnungszeiten

Die Öffnungszeiten **der Innsbrucker Geschäfte** variieren. Während manch kleiner Laden in der Altstadt unter der Woche nur bis 18 Uhr geöffnet hat, kann man in großen Kaufhäusern bis 20 Uhr einkaufen. Am Samstag schließen manche Geschäfte bereits mittags, andere haben bis 17 Uhr geöffnet. Einige Souvenirläden öffnen sogar sonntags ihre Pforten. Viele **Restaurants** haben am Sonntag geschlossen.

Museen sind in der Regel zwischen 9 und 17 Uhr geöffnet – einige davon haben auch einen Ruhetag. **Postämter** sind wochentags in der Regel bis 18 Uhr geöffnet, die Filiale am Innrain auch samstags und sonntags. **Banken** haben wochentags variable Öffnungszeiten – Geldautomaten stehen jedoch 24 Stunden zur Verfügung.

Post

Standardbriefe und Postkarten ins europäische Ausland kosten **75 Cent Porto,** innerhalb Österreichs 62 Cent. Normalerweise kommen Ansichtskarten ins Ausland innerhalb weniger Tage beim Empfänger an.

✉119 [B4] **Postfiliale 6010 Innsbruck,** Innrain 15, geöffnet: Mo.–Fr. 7–20 Uhr, Sa. 9–15 Uhr, So. 10–18 Uhr
✉120 [E5] **Postfiliale am Hauptbahnhof,** Südtiroler Platz 10–12, geöffnet: Mo.–Fr. 8–18 Uhr, Sa. 9–12 Uhr

061in Abb.: se

Schwule und Lesben

Bis vor wenigen Jahrzehnten mussten Schwule und Lesben im eher konservativ geprägten Tirol ihre „Veranlagung" noch großteils geheim halten und sind nicht selten in Städte wie Wien und München abgewandert. In den vergangenen Jahren hat sich in Innsbruck aber eine **lebhafte lesbisch-schwule Szene** entwickelt. Es gibt Lokale, Bars und Partys sowie kulturelle Angebote mit lesbisch-schwulem Hintergrund sowie lesbisch-schwule Vereine. Kultur und Natur werden von der Community aktiv in ihre Freizeitgestaltung eingebunden: Vereine organisieren in regelmäßigen Abständen lesbisch-schwule Wandertage und etliche touristische Angebote verstehen sich als explizit „gay and lesbian friendly".

Treffs

121 [D5] **Bacchus,** Salurner Straße 18, www.bacchus-tirol.at, geöffnet: Mo.–Do. 23–4 Uhr, Fr., Sa. 23–6 Uhr. Das schrille Szenelokal bei der Triumphpforte. Schwul, lesbisch, hetero gemischt. Abtanzen bis in den frühen Morgen. Eintritt nur mit Mitgliedskarte, die auf der Homepage bestellt werden kann.

122 [C2] **Cocktail Bar M+M,** Innstraße 45, Tel. 0699 15220139, www.mm-bar.at, geöffnet: Di.–Sa. ab 19 Uhr. Klassische Cocktailbar mit Flair. Schwul, lesbisch, hetero gemischt. Happy Hour: 19–21 Uhr.

123 [C3] **Domcafé,** Pfarrgasse 3, Tel. 238551, www.domcafe.at, geöffnet: tägl. 17–2 Uhr. Gemütliches Lokal in der Altstadt. Schwul, lesbisch und hetero gemischt.

Die Souvenirshops haben in der Regel bis 18 Uhr geöffnet

Vereine

•124 [E7] **Autonomes Frauen-Lesben Zentrum Innsbruck,** Liebeneggstraße 15, Tel. 580839, www.frauenlesbenzentrum.at. Ein selbstorganisierter Verein mit angeschlossenem Café Ancorage (geöffnet: Di. 18–23 Uhr, Fr. 20.30–24 Uhr).

•125 [G1] **HOSI Tirol,** Kapuzinergasse 45, Tel. 587586, www.hositirol.at. Die Homosexuelle Initiative Tirol vertritt die Interessen von Lesben, Schwulen, Bisexuellen und Transgender-Personen in Tirol. Die Anlaufstelle für queeres Leben in Tirol. Do. von 20 bis 24 Uhr offener Abend.

Sicherheit

Innsbruck ist prinzipiell **keine gefährliche Stadt.** Natürlich sollte man wie in allen Großstädten die **üblichen Vorsichtsmaßnahmen** beherzigen, was die eigenen Habseligkeiten, Taschen und Wertgegenstände betrifft.

Drogen- und Alkoholprobleme machen sich am ehesten im Bereich des **Hauptbahnhofs** 30 bemerkbar. Vor einigen Jahren galt der **Rapoldipark** nahe dem Einkaufszentrum Sillpark (s. S. 18) als gefährliche Ecke und Drogenumschlagplatz, hier hat die Stadt aber mit Videoüberwachung reagiert.

Im Bereich der **Bögen** (s. S. 25) tobt noch spät nach Mitternacht das Nachtleben. Auch wenn es in der Regel laut und lustig zugeht, kann es hin und wieder zu Auseinandersetzungen kommen, bei denen auch mal die Fäuste fliegen. Durch die nächtliche Polizeipräsenz werden solche Scharmützel aber schnell im Keim erstickt. Betrunkene sind wie in allen mitteleuropäischen Städten nächtens auch in Innsbruck keine Seltenheit.

Sport und Erholung

Innsbruck eignet sich bestens für eine Kombination aus klassischem Städtetourismus und sportlichen Aktivitäten. Vom Zentrum ist es mit der Hungerburgbahn oder mit Straßenbahn und Bus nur ein Katzensprung in die Gebirgs- und Naturregion rund um die Großstadt. Fast alles ist möglich: im Winter Skifahren, Skitouren und Langlaufen, Winterrodeln oder Schlittschuhlaufen, in der warmen Jahreszeit Wandern, Bergsteigen, Klettern, Sommerrodeln, Radfahren und vieles mehr. Auch für „Wasserratten" gibt es sommerliche Erfrischungsmöglichkeiten – und sei es nur ein glasklarer Gebirgsbach.

Baden

Abkühlung bieten im Sommer die beiden Strandbäder der Moorseen **Lanser See** und **Natterersee** (www.nat terersee.com) ganz in der Nähe von Innsbruck. Der **Badesee Rossau,** bei den Innsbruckern einfach Baggersee genannt, wird im Hochsommer zur Badewanne der Großstadt. Das **Freibad Tivoli** bietet u.a. eine Wasserrutsche, einen Sprungturm sowie FKK-Bereiche für Damen, Herren und gemischt Badende. Bei den **Hallenbädern** wären das Hallenbad Olympisches Dorf, das Hallenbad Höttinger Au und das im Jugendstil errichtete Hallenbad in der Amraser Straße zu nennen.

S126 [gj] **Badesee Rossau,** Josef-Mayr-Nusser-Weg

S127 [G6] **Freibad Tivoli,** Pfurtschellerstr. 1

S128 [G4] **Hallenbad Amraser Straße,** Amraser Straße 3

S129 [bj] **Hallenbad Höttinger Au,** Fürstenweg 12

S130 [gj] **Hallenbad Olympisches Dorf,** Kugelfangweg 46

Wandern

Welche Großstadt ist besser für Wanderer und Bergsteiger geeignet als Innsbruck? Im Karwendelgebirge und in den Stubaier Alpen gibt es unzählige Touren zu bewältigen – von der leichten Familienwanderung über schweißtreibende Gipfelbesteigungen bis hin zum Klettersteigen in verschiedenen Schwierigkeiten für ambitionierte Alpinisten. Und wer es lieber gemütlich mag, fährt einfach mit einer der vielen Seilbahnen auf über 2000 Meter.

Man muss aber gar nicht unbedingt hoch hinaus: Auch vom Innufer kann man loswandern: z.B. zum **Höttinger Bild** (s.S. 76) oder zur **Kranebitter Klamm.** Von der Hungerburg 34 aus kann man eine abwechslungsreiche Wanderung ohne große Steigungen nach Thaur 46 mit seiner Burgruine und dem **Romedikircherl** unternehmen. Wer sich eher Richtung Brenner orientiert, kann im Gschnitztal bei einer Wanderung zur **Jausenstation Sankt Magdalena** (s.S. 103) Natur und Kultur in idealer Weise miteinander verbinden. Auch der weltberühmte Jakobsweg nach Santiago de Compostela hat mit dem **Tiroler Jakobsweg** einen Zubringer, der auch Innsbruck touchiert. Der Weg führt auf Wander- und Feldwegen durch das Inntal und besitzt mit dem Dom zu Sankt Jakob 9 seine bedeutendste Tiroler Station. Um die Anliegen der Pilger kümmert sich die dortige Jakobsgemeinschaft. Von Innsbruck aus führt der Jakobsweg gen Westen nach Völs mit der Wallfahrtskirche zum heiligen Blasius auf einem benachbarten Hügel und nach Kematen mit der einzigen Tiroler Kirche mit drei Zwiebeln am Turm (www.jakobsweg-tirol.net).

› Viele weitere Wandertipps gibt es auf der Website www.almenrausch.at.

EXTRATIPP

Wanderspaß hoch über Innsbruck: der Zirbenweg

Diese Genusswanderung zählt zu den **schönsten Höhenwanderungen in den Alpen.** Auf sieben Kilometern Länge und über 2000 Metern Höhe geht es vorbei an uralten Zirben (Bergkiefern), den fantastischen Ausblick auf Innsbruck, das Inntal und in alle Himmelsrichtungen inklusive. Die ca. sechsstündige Überschreitung des Höhenrückens zwischen Patscherkofel und Glungezer ist in beide Richtungen möglich: Entweder fährt man von Igls 44 mit der Patscherkofel-Kabinenbahn bis zur Bergstation und startet von dort aus oder man beginnt die Tour in entgegengesetzter Richtung ab Tulfes mit dem Glungezer-Sessellift. Der Kammweg ist gut beschildert. Zwischen Tulfes und Igls bestehen in den Sommermonaten regelmäßige Busverbindungen.

Genusswandern auf dem Zirbenweg hoch über der Stadt

062in Abb.: se

Bergsteigen

Wer hoch hinaus will, ist mit den Nordkettenbahnen 34 schnell mitten in der schroffen Felslandschaft des **Karwendelgebirges.** Eine Etappe des Adlerwegs, der sich durch ganz Tirol zieht, führt von der Nordkettenbahn-Gipfelstation Hafelekar über den Goetheweg zur Pfeishütte. Hier ist allerdings bereits eine Portion Bergerfahrung und Schwindelfreiheit notwendig. Nur für geübte Alpinisten empfehlenswert ist der 3,3 Kilometer lange **Innsbrucker Klettersteig,** der vom Hafelekar aus über sieben Gipfel bis zum Frau-Hitt-Sattel führt.

Einer der Paradegipfel Innsbrucks ist die sagenumwobene **Serles** in den Stubaier Alpen, die aufgrund ihres markanten dreistufigen Baus und des pyramidenartig wirkenden Hauptgipfels nicht zu übersehen ist und gleich einem versteinerten Wächter auf

Innsbruck blickt. Der viel frequentierte Gipfel kann von Maria Waldrast 50 aus in einer anstrengenden Tagestour erklommen werden. Der Ausblick auf Innsbruck und auf die benachbarten 3000er ist atemberaubend.

Radfahren

Auf der Website der Stadt Innsbruck wird stolz vermeldet, dass sieben von zehn Einwohnern ab 14 Jahren über ein Fahrrad verfügen. Es wird auch betont, dass der Anteil des Radverkehrs in Innsbruck seit Jahren steigt – derzeit liege er mit 23 Prozent an der Spitze im österreichischen Städtevergleich, was Auswirkungen sowohl auf die Fitness als auch auf die Innsbrucker Umwelt habe.

In den vergangenen Jahren wurde dementsprechend auch das Innsbrucker **Radwegenetz** ausgebaut. Für Touristen ist der Fahrradverleih in Innsbruck allerdings nicht unbedingt geboten, da sich sehr viele Sehenswürdigkeiten bequem zu Fuß erkunden lassen. Andere dagegen, wie das Schloss Ambras, Hall in Tirol oder die Swarovski Kristallwelten sind so weit vom Zentrum entfernt, dass sie eher mit öffentlichen Verkehrsmitteln angesteuert werden. Auch die nördlich des Inns gelegenen Gassen Richtung Alpenzoo sind aufgrund ihrer starken **Steigung** nur für konditionsstarke Radler geeignet.

Innsbruck wird aber auch gerne von Besuchern angesteuert, die den **Inn flussaufwärts radeln** und bis zu seiner Quelle im schweizerischen Engadin vorstoßen wollen. Man kann sich auch ein Fahrrad ausleihen und im Rahmen eines Tagesausflugs dem Fluss in Richtung Zirl folgen. Natürlich bietet die Hauptstadt der Alpen auch für **Mountainbiker** etliche Strecken. Man sollte sich aber vorab informieren, welche Routen man befahren darf.

063in Abb.: se

Fahrradverleih

•131 [D5] **Die Börse – Fahrradverleih i-Bike,** Leopoldstraße 4 (im Hof), Tel. 581742, www.dieboerse.at. Verleih von Fahrrädern in den Kategorien Kinder, City, Touring, Mountainbike. Im Winter auch Verleih von Ski- und Snowboardausrüstung.

◁ Der Drahtesel erfreut sich in Innsbruck großer Beliebtheit

▷ Rund um Innsbruck genießen Skifahrer im Winter traumhafte Pistenverhältnisse

064in Abb.: TVB/Fotowerk Aicher

Golf

Rund um Innsbruck gibt es mehrere Golfklubs, beispielsweise **Innsbruck-Rinn** und **Innsbruck-Lans** (www.golfclub-innsbruck-igls.at) oder **Olympia Golf Igls** (www.olympia-golf.at). Bei Letzterem sollte man sich aber bewusst sein, dass man stets unter Beobachtung steht. Die Patscherkofel-Seilbahn schwebt direkt über die Bunker und Greens.

Skifahren

Nicht selten laufen einem im winterlichen Innsbruck Menschen mit Skianzug, Skischuhen und Brettern über den Weg. Kein Wunder: Direkt neben der Hofburg kann man die Hungerburgbahn besteigen und kommt über die Nordkettenbahn innerhalb kürzester Zeit von der Altstadt hinein ins Skivergnügen.

Insgesamt **90 Bergbahnen** und Lifte befördern Skifahrer und Snowboarder rund um Innsbruck in die weiße Pracht. Die Tageskarte für die einzelnen Skigebiete kostet in der Hauptsaison für Erwachsene zwischen 25 und 40 Euro. Daneben gibt es Stundentarife und vergünstigte Mehrtageskarten – ab drei Tagen auch den kombinierten Skipass für alle Skigebiete der Olympia SkiWorld. Die Ski-

EXTRATIPP

Mit dem Skibus kostenlos in die Skigebiete

Der Skibus transportiert Wintersportler, die im Besitz einer Gästekarte sind, kostenlos in die in diesem Abschnitt aufgeführten Skigebiete der Olympia SkiWorld Innsbruck. Zwischen Mitte Dezember und Mitte April verkehren die Busse je nach Schneelage täglich. Die Busse starten von der Touristikladezone am Marktgraben, vom Hofgarten 13 und von den großen Hotels aus.

- **Fahrplan:** www3.innsbruck.info/verband/pdf/skibus.pdf, Anmeldung für den Skibus: Tel. 0676 846311528. Weitere Infos bei der TouristInformation (s. S. 111).

Sport und Erholung

pässe erhält man vor Ort an den Kassen der jeweiligen Skigebiete oder beim Ticketservice der Touristinformation am Burggraben (s. S. 111).

S132 **Bergbahnen Oberperfuss/Skigebiet Rangger Köpfl,** Peter-Anich-Weg 1, 6173 Oberperfuss, www.rangger-koepfl.at. Leichte bis mittelschwere Abfahrten auf sonnigen Hängen, 12 km westlich von Innsbruck. Anfahrt mit ÖPNV: Bus 4165 von Innsbruck Hauptbahnhof bis Oberperfuss Rangger Köpfl Lift.

S133 **Skigebiet Axamer Lizum,** Lizum 6, 6094 Axams, www.axamer-lizum.at: Auch dieses große Skigebiet, 11 Kilometer südwestlich von Innsbruck gelegen, hat olympische Tradition. Es besitzt eine Standseilbahn und zahlreiche Lifte. Das Panoramarestaurant Hoadlhaus bietet einen großartigen Fernblick. Anfahrt mit ÖPNV: Buslinie L1 (Postbus) von Innsbruck Hauptbahnhof; Fahrplan: www3.innsbruck.info/verband/pdf/Skibus_L1.pdf.

S134 **Skigebiet Glungezer,** Glungezerstraße 1, 6075 Tulfes, www.glungezerbahn.at. Unweit des Patscherkofels, 12 Kilometer südöstlich von Innsbruck in Tulfes gelegenes, gemütliches Skigebiet für all jene, die auf Rummel und Lärm verzichten möchten und denen Sessellifte anstelle moderner Kabinenbahnen genügen. Auch einige Schlepplifte verkehren. Mit 15 Kilometern bietet das Skigebiet die längste Abfahrt Tirols. Anfahrt mit ÖPNV: Postbus 4134 von Innsbruck Hauptbahnhof bis Tulfes, Volksschule; danach 7 Minuten Fußweg.

S135 **Skigebiet Kühtai,** Kühtai 48, 6183 Kühtai, www.kuehtai.info. Etwa 25 Autominuten von Innsbruck entfernt, rühmt sich dieses Skigebiet, Österreichs höchstgelegenes abseits der Gletscher zu sein. Insofern wird hier Pistenspaß bis weit in den Frühling hinein geboten. Anfahrt mit ÖPNV: Bus 4166 von Innsbruck Hauptbahnhof bis Kühtai.

S136 **Skigebiet Mutteralm,** Nockhofweg 40, 6162 Mutters, www.muttereralm.at. Beliebtes Familienskigebiet mit moderner Infrastruktur südwestlich von Innsbruck am Eingang des Stubaitals: Zwei 8er-Gondelbahnen und ein 4er-Sessellift bringen die Skifahrer auf sonnige Genießerhänge. Anfahrt mit ÖPNV: Mit der Stubaitalbahn (STB) vom Innsbrucker Hauptbahnhof bis Haltestelle Nockhofweg/Muttereralmbahn.

S137 [ch] **Skigebiet Nordkette,** Höhenstraße 145, www.nordkette.com. Klein, aber oho, könnte man dieses Skigebiet direkt vor den Toren der Stadt bezeichnen. Die Abfahrt vom Hafelekar zur Seegrube zählt mit einem Gefälle von 70 % zu den anspruchsvollsten und steilsten Skirouten Europas und sollte von Anfängern tunlichst gemieden werden. An der Seegrube gibt es auch einen Lift für Anfänger und den Nitro Skylinepark für Snowboarder. Die Hauptabfahrt von der Seegrube zur Hungerburg ist etwas für Genussskifahrer. Anfahrt mit ÖPNV: Mit der Hungerburgbahn erreicht man von der Station Congress in der Innenstadt innerhalb weniger Minuten die Talstation der Kabinenseilbahn.

S138 [en] **Skigebiet Patscherkofel,** Bilgeristraße 24, 6080 Igls, www.patscherkofelbahnen.at. Hier kann man vom Stadtteil Igls aus in der Tradition der Winterathleten von 1964 und 1976 die Olympiaabfahrt mit den eigenen Brettern bewerkstelligen. Neben der Gondelbahn gibt es einige Sessel- und Schlepplifte. Anfahrt mit ÖPNV: Von der Endhaltestelle der Staßenbahnlinie 1 Bergisel/Tirol Panorama fährt die Straßenbahnlinie 6 bis zur Endhaltestelle in Igls, von dort ca. 10 Minuten zu Fuß.

S139 **Skigebiet Schlick 2000,** Tschaffinis-Umgebung 26, 6166 Fulpmes, www.schlick2000.at. Skifahren, Carven und Snowboarden am Kreuzjoch in den Stubaier Alpen. Das Skigebiet erreicht man über Schönberg im Stubaital; von dort führt die Stubaitaler Straße Richtung Telfes und Fulpmes. Anfahrt mit ÖPNV: Mit der Stubaitalbahn (STB) vom Innsbrucker Hauptbahnhof bis Haltestelle Fulpmes Bahnhof, 10 Minuten Fußweg.

S140 **Stubaier Gletscher,** Mutterberg 2, 6167 Neustift, www.stubaier-gletscher.at. Österreichs größtes Gletscherskigebiet ist 45 Minuten mit dem Auto von Innsbruck entfernt und bietet auf 3000 Höhenmetern fast das ganze Jahr über beste Verhältnisse für Skifahrer. Anfahrt mit ÖPNV: Regiobus Stubai (ST) von Innsbruck Hauptbahnhof bis Neustift im Stubaital.

Langlauf

Rund um Innsbruck gibt es **zahlreiche Langlaufloipen** und auch einige speziell auf Langläufer ausgerichtete Hotels. Auf 1700 Metern Höhe befindet sich das idyllisch gelegene **Lüsens im Sellraintal** mit insgesamt 15 Loipenkilometern. Auf 2000 Metern Höhe kann man im **Kühtai** seine Runden ziehen. **Höhenloipen** gibt es außerdem am Stubaier Gletscher sowie im Skigebiet Schlick 2000. Auch in tieferen Lagen ist Langlauf rund um Innsbruck bei guter Schneelage möglich. Auf den Mittelgebirgsterrassen werden im Winter in den Langlaufgebieten Rinn, Mutters/Natters und Axams/Birgitz insgesamt rund 40 Loipenkilometer gespurt und teilweise sogar künstlich beschneit.

› Skibus in die Langlaufgebiete s. S. 121

Rodeln

Rund um Innsbruck können sich auch Schlittenfahrer nicht beklagen: **Über 90 Kilometer an Rodelbahnen** unterschiedlicher Schwierigkeitsgrade sorgen bei guter Schneelage für Gaudi. Kurze Abfahrten bietet die Gleirschalm am Sellrain oder die Pleisenhütte in der Axamer Lizum.

Lange Rodelabfahrten mit bis zu 11 Kilometern Länge sind von der Birgitzer Alm und auf der Strecke von Oberperfuss möglich. Dort gibt es auch regelmäßig nächtliches Mondscheinrodeln. Die Rodelbahn von der Kemater Alm hat die ebenfalls stattliche Länge von 6,5 Kilometern.

Im Gegensatz zum alpinen Skilaufen ist das Rodeln eine kostengünstige Alternative. Wer die Höhe zu Fuß erreicht, zahlt gar nichts. Gegen eine Gebühr kann man Schlitten häufig auch ausleihen. Bei der Abfahrt ist aber **Vorsicht geboten:** Durch Leichtsinn und Selbstüberschätzung kommt es alljährlich zu teils schweren Verletzungen.

Sprache

Der **Tiroler Dialekt** ist für Besucher aus Norddeutschland etwas gewöhnungsbedürftig und wenn sich Einheimische darin unterhalten, teilweise sogar unverständlich. Während man in Innsbruck aber in der Regel keine Verständigungsprobleme haben dürfte, kann es in abgelegenen Alpentälern schnell einmal zu Sprachbarrieren kommen – allerdings nicht nur für Touristen jenseits des Weißwurstäquators, sondern auch für Niederösterreicher, Wiener und Bayern.

Letztere haben in der Regel keine Probleme mit dem Innsbrucker Dialekt – schließlich gehört er sprachwissenschaftlich zu den **Südbairischen Dialekten.** Typisches Kennzeichen ist ein sehr **hart ausgesprochenes k,** über das sich ostösterreichische Kabarettisten gerne lustig machen.

Wie in allen mitteleuropäischen Großstädten, so ist auch in Innsbruck der Dialekt momentan eher im Rückzug begriffen. Besonders Jugendliche und Kinder eignen sich eher die hochdeutsche Sprache an. Falls man als Tourist Verständigungsprobleme hat, darf man ruhig höflich nachfragen und wird in der Regel eine höfliche Übersetzung des eben Gesagten erhalten. Bei Tiroler Skilehrern kann es allerdings vorkommen, dass sie ihre norddeutschen Schützlinge mit ihrem Dialekt auch gerne mal ein bisschen ärgern wollen.

Wer sich näher mit dem Tiroler Dialekt auseinandersetzen möchte, sei auf folgendes Buch verwiesen: **„Sprechen Sie Tirolerisch? Ein Sprachführer für Einheimische und Zugereiste“**, Martin Reiter, Ueberreuter.

Einen kleinen Sprachführer findet man auch auf der **Internetseite des Speckproduzenten Handl Tyrol:** www.handltyrol.at/de/werde-tyroler/tirolerisch/deutsch-tirolerisch.

Stadttour der besonderen Art: eine Fiakerfahrt durch Innsbruck (s. S. 63)

Stadttouren

- **Per Pedes Stadtführungen,** Haus des Tourismus, Burggraben 3, 1. Stock, Tel. 575089, www.perpedes-tirol.at. Seit 20 Jahren hat sich der Verein in Innsbruck einen Namen gemacht. Angeboten werden täglich stattfindende Stadtspaziergänge, inszenierte Führungen in historischen Kostümen und Spezialführungen. Täglich um 12.30 Uhr findet die Führung „Kaiserliche Hofburg“ statt (Start an der Hofburg 10), um 14 Uhr der einstündige Stadtspaziergang (Start im Foyer der Innsbruck-Info am Burggraben, für Besitzer der Innsbruck Card ist die Teilnahme kostenlos). Der Verein organisiert auch das jährliche Hoffest Maximilian I. (s. S. 36).
- **Tirol Tours,** Tel. 0660 6586268, www.tiroltours.at. Stadtführungen und Rundfahrten in Innsbruck.
- **The Sightseer (TS).** Mit dem Sightseer hat die Stadt Innsbruck eine öffentliche Busverbindung geschaffen, welche die wichtigsten Sehenswürdigkeiten miteinander verbindet. Auch das Tirol Panorama 39 und Schloss Ambras 43 werden angesteuert. Man kann die Fahrt

065in Abb.: se

stets unterbrechen und an den Sehenswürdigkeiten nach Belieben verweilen. Die Busse fahren im 40-Minuten-Takt. Das Sightseer-Ticket gilt 24 Stunden auf der Linie TS (The Sightseer) und auf allen anderen Linien der IVB in Innsbruck (Kernzone). Preis für das Tagesticket: 6,50 € (Kinder 4,70 €). Wer im Besitz einer Innsbruck Card ist, fährt kostenlos.

Telefonieren

Die **Ländervorwahl für Österreich** lautet **0043**. Die **Vorwahl von Innsbruck** ist die **0512**. Wer von einem nicht-österreichischen Handy oder vom Ausland aus eine Innsbrucker Festnetznummer anrufen möchte, wählt zunächst die 0043 und lässt dann die 0 der Ortsvorwahl weg. Wer von Österreich aus nach **Deutschland** telefonieren möchte, wählt die 0049, die **Ländervorwahl der Schweiz** lautet 0041. Besitzer von Smartphones sollten darauf achten, dass das **Datenroaming** deaktiviert ist, da ansonsten zusätzliche Gebühren anfallen können. Die kostenlose **Notrufnummer lautet 112.**

EXTRATIPP

Innsbrucks Gästekarte

Die Gästekarte Innsbruck erhalten alle Urlauber, die in Innsbruck oder einem der 25 Feriendörfer mindestens eine Nacht verbringen. Sie wird den Gästen in der jeweiligen Unterkunft ausgehändigt und bietet einige Vergünstigungen: Inbegriffen ist die kostenlose Teilnahme am Innsbrucker Bergwanderprogramm, das von der Alpinschule Innsbruck (ASI) betreut und von Anfang Juni bis Anfang Oktober veranstaltet wird – Fahrt mit dem Wanderbus zum Start der Wanderungen sowie Wanderschuhe und Rucksack als Leihausrüstung inklusive.

Freien Eintritt erhält man zudem am Lanser See und am Natterer See. Letzterer bietet ein Animationsprogramm für Kinder und Jugendliche. Golfer und Tennisspieler erhalten bei den Innsbrucker Tennis- und Golfklubs Ermäßigungen. Im Winter gewährt die Gästekarte Preisnachlässe auf den Olympia Skipass, mit dem Skibus fährt man zudem kostenlos in alle neun Skigebiete der Olympia SkiWorld Innsbruck. Das ganze Jahr über gibt es im Casino Innsbruck einen Gratis-Willkommensdrink.

Unterkunft

In Innsbruck stehen Unterkunftsmöglichkeiten in allen Preisklassen zur Verfügung. Von einfachen Herbergen und **günstigen Hotels** bis hin zu den **Luxusunterkünften** sind den jeweiligen Bedürfnissen der Besucher kaum Grenzen gesetzt. Besonders in der Hauptsaison (Sommer und Winter, aber auch an Herbstwochenenden) kann es schon mal zu Engpässen kommen. Besonders wer zur Vierschanzentournee im Januar anreisen möchte, sollte unbedingt rechtzeitig buchen. Falls man in Innsbruck kein Zimmer mehr bekommt, kann man auch auf Unterkünfte im **Tiroler Umland** ausweichen. Die meisten Orte sind durch Nahverkehrszüge und Busse mit der Landeshauptstadt verbunden. WLAN ist mittlerweile in fast allen Hotels vorhanden, auch in etlichen Pensionen.

Einen **Katalog** mit allen Hotels in Innsbruck und seinen Feriendörfern im Umland kann man bei der Tourist-Information Innsbruck (s. S. 111, Tel. 59850, hotel@innsbruck.info) bestellen. Reservierungen sind unter Tel. 562000 möglich.

Preiskategorien

Die im Anschluss aufgeführten Unterkünfte befinden sich größtenteils zentrumsnah. Die angegebenen Preiskategorien gelten für zwei Personen im Doppelzimmer mit Frühstück. Sie können sich aber schnell ändern und sind deshalb ohne Gewähr.

€	bis 90 Euro
€€	90 bis 180 Euro
€€€	über 180 Euro

Unterkunftstipps

Hotels und Pensionen

141 [B3] **Best Western Hotel Mondschein** €€, Mariahilfstraße 6, Tel. 22784, www.mondschein.at. Zentral am Inn gelegenes Hotel mit 31 Zimmern – teilweise Sternenhimmel-Blick.

142 **Gasthof Badl** €-€€, Haller Innbrücke 4, 6070 Ampass, Tel. 05223 56784, www.badl.at. Unterkunftstipp für die Mittelalterstadt Hall in Tirol: Nicht weit von der Autobahn entfernt und gleichzeitig zentrumsnah gelegener Gasthof am Inn mit 25 individuell gestalteten Zimmern zu einem guten Preis-Leistungs-Verhältnis.

066in Abb.: se

143 [B3] **Gasthof Innbrücke** €, Innstraße 1, Tel. 281934, www.gasthofinnbruecke.at. Einfache Unterkunft mit teilweise sehr kleinen Zimmern, aber ordentlich. Sehr zentral in einem uralten Haus direkt am Inn gelegen. Vom Frühstücksraum aus blickt man auf die Türme der gegenüberliegenden Altstadt.

144 [ej] **Gasthof Neupradl** €, Salurner Straße 7, Tel. 341515, www.neupradl.at. Moderne Zimmer, freundlicher und zuvorkommender Service, zu Fuß nicht allzu weit vom Zentrum entfernt.

145 [E5] **Grand Hotel Europa** €€€, Südtiroler Platz 2, Tel. 5931, www.grandhoteleuropa.at. Seit dem 19. Jahrhundert eines der führenden Hotels Innsbrucks, direkt am Hauptbahnhof gelegen. Das Restaurant Europa-Stüberl ist ein mit zwei Hauben ausgezeichnetes Feinschmeckerlokal.

146 [di] **Hotel Dollinger** €€, Hallerstraße 7, Tel. 267506, www.dollinger.at. Traditionsbetrieb mit Gasthof im nordöstlich des Zentrums gelegenen Stadtteil Mühlau.

147 [C3] **Hotel Garni Weisses Kreuz** €€, Herzog-Friedrich-Straße 31, Tel. 59479, www.weisseskreuz.at. Traditionsreiches Haus mitten in der Altstadt, in dem im Jahre 1769 niemand geringerer als Leopold Mozart zusammen mit seinem Sohn Wolfgang Amadeus logierte. Gepflegte Zimmer in unterschiedlichen Größen und freundlicher Service. Auch einige günstige Zimmer (Dusche/WC am Gang).

148 [D3] **Hotel Grauer Bär** €€€, Universitätsstraße 5–7, Tel. 5924, www.innsbruck-hotels.at. Eventhotel mit Panoramahallenbad und modern ausgestatteten Zimmern. Zentral neben Altstadt und Hofkirche.

Traditionsreiches Hotel: der Graue Bär in der Universitätsstraße

149 [fk] **Hotel Kapeller** €€, Philippine-Welser-Straße 96, Straßenbahn 3, Endstation Amras, Tel. 344445 oder 343101, www.stadthotel-kapeller.de. Anständiges, etwas außerhalb der Altstadt in der Nähe von Schloss Ambras gelegenes Hotel mit hellen und geräumigen Zimmern.

150 [ek] **Pension Friedl** €, Wallpachgasse 4, Straßenbahnlinie 3, Endstation Amras, Tel. 342513, www.pension-friedl.com. 19 geräumige Zimmer (Einzel-, Doppel-, Dreibett- und Familienzimmer) in einer relativ neu gestalteten Pension in ruhiger Lage in der Nähe von Schloss Ambras.

151 [ci] **Pension Paula** €, Weiherburggasse 15, Tel. 292262, www.pensionpaula.at. Freundliche Pension im Norden am Hang ganz in der Nähe des Alpenzoos. Herrlicher Blick über die Dächer der Stadt, hervorragendes Frühstück, preisgünstig!

152 [D5] **Pension Stoi** €, Salurner Straße 7, Tel. 585434, www.pensionstoi.at. Günstige Pension in Bahnhofsnähe.

153 [dk] **Ramada Innsbruck Tivoli** €€, Olympiastraße 41, Straßenbahn 3 (Haltestelle Ibk Südring), Bus T (Olympia-World), Tel. 890404, www.ramada-innsbruck.at. Neues Hotel in gewagt moderner Architektur auf 12 Etagen nahe der OlympiaWorld. 159 Zimmer, Sauna- und Fitnessbereich.

154 [E3] **Romantikhotel Schwarzer Adler** €€€, Kaiserjägerstraße 2, Tel. 587109, www.deradler.com. Altehrwürdiges Innsbrucker Hotel mit moderner Ausstattung.

067in Abb.: se

Modernes Hotel: das Ramada gegenüber der Olympiahalle

155 [C4] **The Penz Hotel** €€, Adolf-Pichler-Platz 3, Tel. 575657, www.thepenz.com. Zentral in der Innenstadt gelegenes, modernes Hotel, das für sein Frühstücksbuffet berühmt ist.

Jugendherbergen

156 [fi] **Jugendherberge Innsbruck** €, Reichenauerstraße 147, Bus O (Jugendherberge), Tel. 346179, www.jugendherberge-innsbruck.at. Große, gepflegte Jugendherberge mit 168 Betten, Ein- bis Sechsbettzimmer, ohne Jugendherbergsausweis 3 € Zuschlag. Am Inn im Stadtteil Reichenau, zu Fuß etwa 25 Minuten ins Zentrum, City-Busverbindung direkt vor dem Haus.

157 **Kolpinghaus Innsbruck** €, Viktor-Franz-Hess-Straße 7, vom Hauptbahnhof: Bus F oder R, Umsteigen bei Haltestelle „Fürstenweg“ in Bus O, Haltestelle „Technik“, Tel. 22836, www.kolpinghaus-innsbruck.at. Jugendwohnheim nicht nur für Jugendliche, mit Mehrbettzimmern, Einzel- und Doppelzimmern. Kein Jugendherbergsausweis notwendig. In der Nähe des Innsbrucker Flughafens gelegen.

Campingplatz

⚠**158 Campingplatz Kranebitterhof,** Kranebitter Allee 216, Tel. 279558, www.campingplatz-innsbruck.at. Der 2009 neu eröffnete Campingplatz ist der einzige im Stadtgebiet Innsbrucks. 70 großzügige Stellplätze mit Panoramablick (Anschlussstellen: Wasser/Abwasser/Strom), komplett behindertengerecht ausgestattet, moderne Sanitäreinrichtungen (Waschmaschine, Trockner, Küche, Aufenthaltsraum), Restaurant/Pizzeria und Café mit Sonnenterrasse, Camping-Shop, kostenloses WLAN und Spielplatz. Fünf Kilometer vom Stadtzentrum entfernt.

Verkehrsmittel

Öffentlicher Nahverkehr

Wenngleich man selten auf öffentliche Verkehrsmittel angewiesen ist, kommt man auch schnell und bequem zu den entfernter gelegenen touristischen Zielen. Der öffentliche Nahverkehr im Stadtgebiet wird von den **Innsbrucker Verkehrsbetrieben (IVG)** und der Schwesterfirma **Innbus** betreut. Es gibt insgesamt **24 Buslinien** und **drei Straßenbahnlinien.** Die noch bestehenden Straßenbahnlinien sind mit den Ziffern 1,3 und 6 gekennzeichnet, die Busse durchbuchstabiert. Von touristischer Bedeutung ist vor allem die **Linie 1** zwischen Mühlauer Brücke und Bergisel, welche die gesamte Innenstadt durchquert. Von dort kann man mit der Linie 6 weiter in Richtung Schloss Ambras und Igls fahren. Die Linie 3 durchquert die Stadt in west-östlicher Richtung und verkehrt zwischen der Höttinger Au und dem Stadtteil Amras.

Sowohl die Kernzone Innsbrucks (Stadtgebiet) als auch der ÖPNV im Umland (Verkehrsverbund Tirol) sind in **Zonen** aufgeteilt, deren Struktur einer Bienenwabe gleicht. Der Preis des Tickets ist abhängig von der Anzahl der Zonen, die man durchfährt. Die unterschiedlichen Tarife von Innsbruck (Kernzone) und dem Verkehrsverbund Tirol findet man unter www.ivb.at/de/ticketstarife/zonensystem.html. Um herauszufinden, wie viele Zonen man für eine Strecke passiert, zählt man einfach die einzelnen Waben. Die Tarifzone Innsbruck (Kernzone) umfasst das gesamte Stadtgebiet. Es gibt 24-Stunden-Karten (Normal-

068in Abb.: se

preis: 4,40 €), 4-Fahrten-Tickets (Normalpreis: 6 €) und Einzelfahrkarten (Normalpreis: 1,80 €). Zusätzlich gibt es Ermäßigungen für Kinder, Senioren und Menschen mit Handicap sowie Familienkarten. Man erhält die **Tickets** in Vorverkaufsstellen, im IVB-Kundencenter, an Haltestellen mit Ticketautomat, an den Innsbrucker Kurzparkzonenautomaten mit IVB-Ticketfunktion oder beim Fahrer (kleiner Aufpreis).

› **Infos:** www.ivb.at

Ein Angebot für Touristen: Die Buslinie **The Sightseer** verkehrt zwischen den meisten wichtigen Innsbrucker Sehenswürdigkeiten. Für ihn gilt ein eigener Tarif: Erwachsene zahlen für das Tagesticket (inklusive aller IVB-Linien der Kernzone) 6,50 € (Kinder 4,70 €). Wer im Besitz einer Innsbruck Card ist, fährt auf allen Linien kostenlos.

Taxi

› **Innsbrucker Funktaxizentrale:** Tel. 5311
› **City Taxi:** Tel. 292915

Wetter und Reisezeit

Die Stadt Innsbruck hat zu jeder Jahreszeit ihren besonderen Reiz. Es gibt keinen Zeitraum, bei dem von einer Reise generell abzuraten wäre. Als Innsbruck-Tourist sollte man selbst abwägen, was einem wichtig ist. Wer die Berge erklimmen möchte, kommt im Sommer, wer sich ungestört in Innsbrucks Museen tummeln möchte, vielleicht lieber im November. Winterromantiker werden den Dezember vorziehen, Blumenliebhaber ohne Heuschnupfen den Frühling.

Der größte Andrang herrscht im Sommer von Juni bis September und im Winter von Weihnachten bis Mitte März. In den **Sommermonaten** sind in Innsbruck Touristen aus der ganzen Welt vor Ort. In den lauen Sommernächten hat die Stadt fast italienisches Flair und die Straßencafés sind voll mit gut gelaunten Menschen. Auf den Berggipfeln ist man allerdings selten allein. Etwas ruhiger wird es ab Mitte September. Der **Herbst** kann

Eine Straßenbahn der Linie 1 an der Endhaltestelle in Wilten

Die Häuserfassaden des Stadtteils Mariahilf sind ein beliebtes Fotomotiv

069in Abb.: se

bis November noch herrliche Tage bescheren, die Wälder sind bunt gefärbt und die Museen hat man dann fast für sich allein – vielleicht die empfehlenswerteste Jahreszeit für all jene, die keinen Wert auf großen Trubel legen und Innsbruck dann nur mit den Innsbruckern teilen. Lohnenswert ist auch ein Besuch im **Advent:** Die Stadt ist noch nicht überlaufen, dafür präsentiert sie sich mit den vielleicht stimmungsvollsten Christkindlmärkten im deutschsprachigen Raum im vorweihnachtlichen Glanz.

Ab Weihnachten wird es dann wieder lebendig: Dann beginnt die **Wintersaison,** die ihre Höhepunkte während der Vierschanzentournee Anfang Januar und der Faschingszeit hat. Skifahrer und Snowboarder bevölkern nicht nur die Pisten, sondern auch das Innsbrucker Nachtleben. Spätestens **ab Ostern** kehrt wieder Ruhe ein. Dann blühen Bäume, Tulpen und Narzissen im Hofgarten, während die Berggipfel noch mit Schnee überzuckert sind. Wer um Pfingsten herum nach Innsbruck kommt, macht auch nichts falsch. Die milden Temperaturen ermöglichen bereits Bergtouren, alles grünt und blüht. Die Monate von März bis Juni können allerdings auch sehr regnerisch sein. Von Mai bis September kommt es regelmäßig zu **Gewittern.**

Innsbruck ist zwar von mächtigen Berggipfeln umgeben, die Stadt selbst liegt allerdings vergleichsweise niedrig im geschützten Talbecken des Inns, weshalb sich die **Temperaturen** nicht großartig von anderen mitteleuropäischen Großstädten unterscheiden. Im Hochsommer kann es schon mal bis zu 30 Grad heiß werden. Da lohnt sich dann ein Abstecher auf über 2000 Höhenmeter oder ein eisiges Bad im Gebirgsbach, um Abkühlung zu finden.

Im Winter ist Innsbruck in der Regel ein schneesicheres Ziel. Es gab aber immer wieder auch Winter, in denen die unteren Bergregionen bis in den Januar hinein grün waren. Die durchschnittlich kältesten Monate sind Januar und Februar, die wärmsten Juli und August.

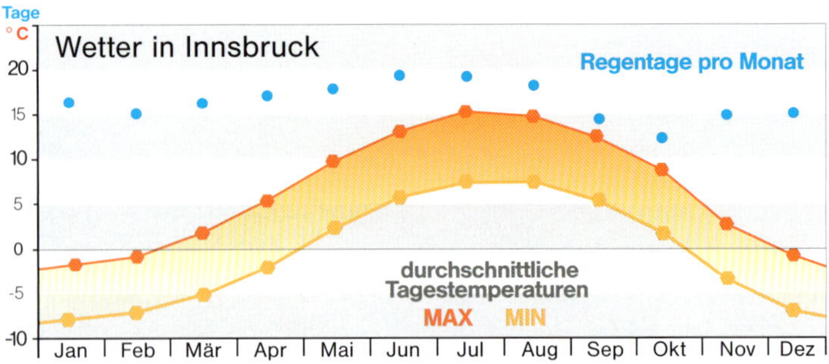

Anhang

070in Abb.: se

Register

G

H

I, J

K

L

M

Register

Der Inn gab der Stadt ihren Namen - im Hintergrund die Brücke der Hungerburgbahn 34

Der Autor

Sven Eisermann ist im nahe der Tiroler Grenze gelegenen Rosenheim geboren und kennt Innsbruck bereits seit Kindertagen. Seit circa 20 Jahren besteht privat und beruflich eine enge Verbindung zur Stadt am Inn. Für eine grenzübergreifende bayerisch-österreichische Zeitungsgruppe war Sven Eisermann als Redakteur für die Tirol-Berichterstattung verantwortlich. In den vergangenen Jahren hat sich seine Liebe zu Innsbruck nochmals intensiviert, er ist eingetaucht in Kunst, Architektur und Mentalität der Bewohner und konnte sich ein umfangreiches geschichtliches Wissen aneignen. Der Leica-Hobbyfotograf hat fast alle Fotos für diesen Reiseführer selbst gemacht. Im Reise Know-How Verlag ist von ihm außerdem der Band „München" erschienen.

Schreiben Sie uns

Dieser CityTrip-Band ist gespickt mit Adressen, Preisen, Tipps und Infos. Nur vor Ort kann überprüft werden, was noch stimmt, was sich verändert hat, ob Preise gestiegen oder gefallen sind, ob ein Hotel, ein Restaurant immer noch empfehlenswert ist oder nicht mehr usw. Unsere Autoren sind zwar stetig unterwegs und erstellen alle zwei Jahre eine komplette Aktualisierung, aber auf die Mithilfe von Reisenden können sie nicht verzichten.

Darum: Schreiben Sie uns, was sich geändert hat, was besser sein könnte, was gestrichen bzw. ergänzt werden soll. Wenn sich die Infos direkt auf das Buch beziehen, würde die Seitenangabe uns die Arbeit sehr erleichtern. Gut verwertbare Informationen belohnt der Verlag mit einem Sprechführer Ihrer Wahl aus der über 220 Bände umfassenden Reihe „Kauderwelsch".

Bitte schreiben Sie an:
Reise Know-How Verlag Peter Rump GmbH, Postfach 140666, D-33626 Bielefeld, oder per E-Mail an: info@reise-know-how.de

Danke!

Bildnachweis

Soweit nicht direkt am Bild vermerkt, stehen die Kürzel an den Abbildungen für folgende Fotografen, Firmen und Einrichtungen. Wir bedanken uns für die freundliche Abdruckgenehmigung.

fo	fotolia.com
se	Sven Eisermann (der Autor)
TVB	Tourismusverband Innsbruck
Umschlag	fotolia.com©eyewave

Aktuelle Informationen nach Redaktionsschluss

Unter **www.reise-know-how.de** werden aktuelle Ergänzungen und Änderungen der Autoren und Leser zum vorliegenden Buch bereitgestellt. Sie sind auch in der **Gratis-App** zum Buch abrufbar.

Weitere Titel für die Region von REISE KNOW-HOW

CityTrip Salzburg
M. Brinke / P. Kränzle
978-3-8317-2403-1
9,95 Euro [D]

CityTrip Wien
D. Krasa
978-3-8317-2386-7
9,95 Euro [D]

Mit begleitendem Service für Smartphones, Tablets & Co.:
- GPS-Daten aller beschriebenen Örtlichkeiten
- Stadtplan als GPS-PDF
- Mini-AudioTrainer (CityTrip Wien)

GRATIS-APP
orientieren
informieren
verständigen

Viele reisepraktische Infos | Sorgfältige Beschreibung der interessantesten Sehenswürdigkeiten | Historische Hintergründe Geschichte der Stadt | Detaillierte Stadtpläne | Empfehlenswerte Unterkünfte Restaurants aller Preisklassen | Erlebnisreiche Stadtrundgänge Kleine Sprachhilfe | Mit City-Faltplan zum Herausnehmen | 144 Seiten

www.reise-know-how.de

Liste der Karteneinträge

Liste der Karteneinträge

Hier nicht aufgeführte Nummern liegen außerhalb der abgebildeten Karten. Ihre Lage kann aber wie bei allen Ortsmarken im Buch mithilfe unserer Kartenansichten unter Google Maps™ gefunden werden (s. S. 143).

Innsbruck mit PC, Smartphone & Co.

QR-Code auf dem Umschlag scannen oder **http://ct-innsbruck.reise-know-how.de** eingeben und die **kostenlose CityTrip-App** aufrufen!

★**Anzeige der Lage und Luftbildansichten aller** beschriebenen Sehenswürdigkeiten und touristisch wichtigen Orte
★**Routenführung** vom aktuellen Standort zum gewünschten Ziel
★**Exakter Verlauf** des empfohlenen Stadtspaziergangs
★**Aktuelle Infos** nach Redaktionsschluss

Weitere kostenlose Downloads auf www.reise-know-how.de

auf der Produktseite dieses Titels unter „Datenservice“:

★**Faltplan als PDF mit Geodaten:** Nach dem Speichern auch mobil nutzbar auf allen Geräten mit PDF-Reader. Für Smartphones/Tablets empfiehlt sich die App „PDF Maps“ von Avenza™ mit einer breiten Funktionspalette.

★**GPS-Daten aller Ortsmarken:** einfacher Import in GPS-Geräte, Navis und Geosoftware auf PCs und mobilen Geräten.

Apps zu Innsbruck

Eine Auswahl an **empfehlenswerten Innsbruck-Apps** finden Sie auf S. 112.

Zeichenerklärung

10 Hauptsehenswürdigkeit, fortlaufend nummeriert
[D3] Verweis auf Planquadrat im Kartenmaterial

- Arzt, Apotheke, Krankenhaus
- Bar, Klub
- Bibliothek
- Biergarten, Kneipe
- Café
- Denkmal
- Friedhof
- Galerie
- Geschäft, Kaufhaus, Markt
- Hotel, Unterkunft
- Imbiss
- Informationsstelle
- Internetcafé
- Jugendherberge
- Kirche
- Kino
- Moschee
- Museum
- Musikszene, Disco
- Parkplatz/-haus
- Pension
- Polizei
- Postamt
- Restaurant
- Schwimmbad
- Sonstiges
- Synagoge
- Sporteinrichtung
- Straßenbahn-Haltestelle
- Theater

- Shoppingareal
- Gastro- und Nightlife-Areal
- Stadtspaziergang (s. S. 12)

Liniennetzplan 2014

Network map / Plan du réseau / Pianta della rete

Linienübersicht

Bus lines at a glance / Indice delle linee / Vue d'ensemble des lignes

1 3 6 STB A C D E F H J LK M O R S ST

TS

HBB

The Sightseer
Der Bus zu Innsbrucks Sehenswürdigkeiten
the bus to the museums and sights
le bus vers les sites touristiques
il bus che porta ai luoghi di interesse turistico

Hungerburgbahn / Innsbrucker Nordkettenbahnen
Standseilbahn
Funicular Railway
Funiculaire
Funicolare

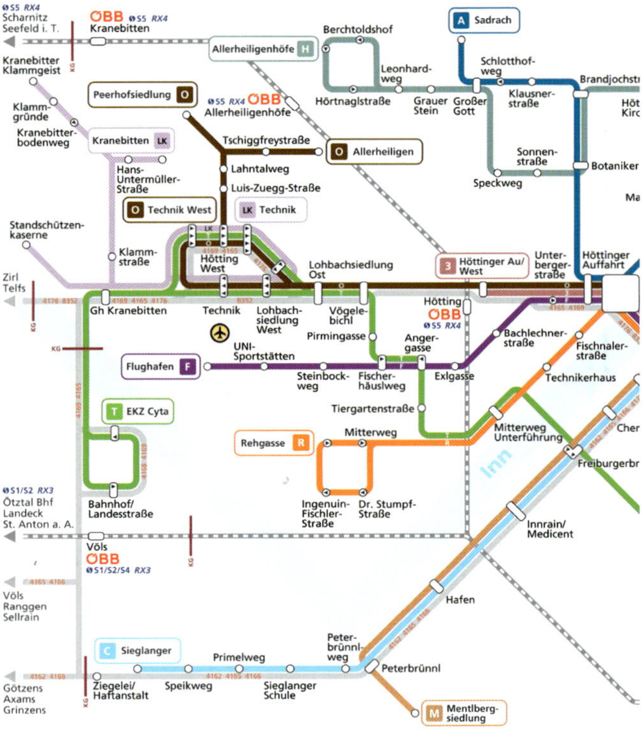

Zeichenerklärung

Explanation of Symbols / Explication des symboles / Legenda

Haltestelle
Stop
Arrêt
Fermata

Haltestelle nur in dieser Richtung
Stops only in this direction
Arrêt uniquement dans cette direction
Fermata unicamente in questa direzione

Endhaltestelle
End Station
Terminus
Capolinea

Hauptumstiegshaltestelle
Major Transfer Stop
Arrêt desservant de nombreuses correspondance
Fermata Principale di Coincidenza

IVB-Kundencenter
IVB Customer Center
Service Clients IVB
Centro Assistenza Passeggeri IVB

Standseilbahn
Funicular Railway
Funiculaire
Funicolare

Seilschwebebahn
Aerial Tram
Téléphérique
Teleferica

Flughafen
Airport
Aéroport
Aeroporto

VVT-Kundencenter
VVT Customer Center
Service Clients VVT
Centro Assistenza Passeggeri VVT

ÖBB **Verbindung mit den ÖBB**
Connection with national Railway
Connexion chemin de fer
Collegamente ferroviari

Regionalbus
Regionalbus
Bus régional
Autobus regionale

KG **Kernzonengrenze**
innerhalb von Innsbruck (Kernzone) gilt de
outside Innsbruck's core zone, the VVT reg
Bus/tram stops only in this direction regula
de la zone intraurbaine à Innsbruck même
le tarif urbain des IVB que est valable / Lim
all'interno di Innsbruck (zona centrale) vale